원칙을 지키는 투자

나만의 투자 맛집을 찾아서

Principled Investing

- Finding My Own Investment Bistro

정성화

북트리

원칙을 지키는 투자
나만의 투자 맛집을 찾아서

Principled Investing
- Finding My Own Investment Bistro

정성화

북트리

삶의 중심을 지탱해주신 부모님께,
동행의 의미를 일깨워준 사랑하는 아내 정민이에게,
존재만으로도 나를 움직이게 하는 빛, 효원이와 연우에게,
이 책을 바칩니다.

추천사

성함 가나다 순

■

　올해 환갑의 나이까지 자본과 금융시장에서 버텨온 나에게 아직도 '얼라' 같은 까마득한 후배가 본인의 투자철학을 던졌다. 조금은 맹랑하다는 느낌으로 초고를 들여다보았더니 어이쿠! 한방 맞았다. Quantum 4-Step SYSTEM을 프레임으로 자칫 오해의 소지가 있을 수도 있는 운의 흐름과 투자심리를 주역의 괘로 잘 풀어냈다. 평소 저자 삶 속에 녹아있는 진정성이 이 책에서도 그대로 드러났다. 항상 그 진정성을 사랑하는 선배가 그대의 맛집 기행을 응원한다. 나도 어쩌면 나만의 투자 맛집을 찾으러 떠날 것 같다.

- 롯데카드 부사장 구영우

■

　제가 아끼는 친구의 안정된 성품과 겸손이 녹아있는 책

입니다. 모든 문장이 단단하고 많은 밑줄을 그으면서 읽어야 할 만큼 다부진 내용들로 구성되어 있습니다. 특히, "구조 위에 흐름을 입히는 것"은 우리네 삶과도 같습니다. 투자도 매한가지입니다. 투자의 경지에 오른 분들도 필독해야 하는 투자의 기본서로 감히 추천합니다.

- 더블유컴퍼니 대표 김경동

■

개인투자자가 투자에 실패하는 가장 큰 이유는 감정이다. 나의 오랜벗이자 투자의 동반자인 저자는 감정을 분산하고 판단을 나누는 투자시스템에 대해 깊게 설명하고 있다. 이러한 시스템적 사고가 당신의 자산을 지켜주는 시작이 될것이라 생각한다.

- 세무사 김광우

■

투자에 있어 가장 중요한 것이 사람에 대한 깊은 이해라는 것을 몸소 실천하고 있는 사랑하는 후배가 쓴 책이라 투자와 삶에 도움이 되실거라 생각합니다.

- 법무법인 현 대표변호사 김동철

■

"투자유치를 하다보면 여러가지 여건들이 잘 맞아야 좋은 결실을 맺음을 느낍니다. 그 중에서도 사람에 대한 신뢰가 가장 우선인 것 같습니다. 한결 같이 사람에 대한 바른 원칙을 지키는 믿음직한 후배의 이야기, 소중하게 읽어보겠습니다."

- 대구광역시 투자유치과 투자유치 전문관 김우진

■

저자는 함께하는 모든 일에서 무한한 신뢰와 안정을 안겨주는 존경하는 선배입니다. 그 선배가 오랜 시간 사업과 투자를 하면서 축적한 경험과 인사이트를 글로 풀어 놓았습니다. 저와 마찬가지로 많은 분들이 저자의 지혜를 나눠 가졌으면 합니다.

- 코나벤처파트너스(유) 부사장 김주식

■

이제 시장경제에서 투자는 피할 수 없는 숙명이 되었습니다. 조기은퇴를 꿈꾸는 무분별한 레버리지 투자의 경솔함이나, 투자 자체를 도외시하는 지나친 신중함은 모두 문제가 있습니다. 투자가 어려운 가장 본질적인 이유는 시장의 변동성에서 자기 자신의 원칙을 고수하는 것이 쉽지 않기 때문이라고 생각합니다. 주기적으로 시장에 찾아오는 대중의 흥분과 비관에서 한 걸음 떨어져서 자신만의 원칙을 지닌 투자를 하는 것은 성공적인 투자로 하는 지름길이지만 가장 어려운 일이기도 합니다.

'원칙을 지키는 투자'는 그 쉽지 않은 길을 가고 있는 젊은 투자자의 고민과 철학이 녹여 들여가 있습니다. 개인적으로 저는 금융감독원에서 오랜 시간을 일한 후 김·장 법률사무소 금융팀에서 일하면서 많은 투자자들을 만날 기회가 있었는데, 친구인 저자가 제가 만났던 많은 성공적인 투자자들과 비슷한 고민을 치열하게 하고 있었음을 확인할 수 있었습니다. 저는 이 책을 통해 제 자신을 되돌아볼 수 있었는데, 다른 분들도 같은 기회를 가질 수 있으셨으면 합니다.

- 김·장 법률사무소 김준형 변호사

■

사업과 투자는 변화되는 시장의 공백을 정확히 포착하고, 고객의 입장에서 문제를 해결해줄 수 있는 능력을 가지며 자신의 소신과 원칙을 바탕으로 흔들림없이 진행하는 것이라고 생각됩니다. 이 책을 통해 다시 한번 그 의미를 생각해 보게 되고, 많은 분들에게 일독을 권합니다.

- 바로스튜디오 대표이사 김준형

■

예의바르고 겸손한 후배가 쓴, 투자의 방법을 넘어, 삶은 어떻게 살 것인가를 알려주는 책입니다. 본인의 경험을 통해 숙성된 삶과 투자의 태도가 그대로 전해졌습니다. 20대인 제 아들들에게도 읽어보라 권유하였습니다.

- 서울리더스치과의원 석계점 원장 김진만

■

대혼돈의 시대에 샛별같이 반짝이는 아이디어와 흔들리지 않는 원칙을 쉬운 우리들 말로 풀어써주는 후배의 역작을 소개할 수 있어 너무 영광이다. 내삶과 투자의 주인이 되고픈 모든 어른이에게 필독서!

- 어펄마캐피탈매니져스코리아 대표이사 김태엽

■

구조화된 자본 사회에서 더 나은 투자와 삶의 태도를 가지고 싶은 사람은 저자와 조우하여 일상에서 그와 교감하거나 이 책을 읽으면 좋겠습니다.

- 서울미소치과의원 원장 손강배

■

혼란한 시장에도 흔들리지 않는 투자자의 태도에 대해, 제가 아끼는 친구가 본인의 언어로 잘 설명해 주었습니다. 잘 읽어보겠습니다.

- 서울고등법원 판사 송영복

■

기존 사업을 성공적으로 이끈 경험을 바탕으로, 새로운 영역에 도전하는 준비된 태도와 차분히 설명하는 책의 내용들이 인상적이었습니다.

- 법무법인 지름길 이광호 변호사

■

의사로서 국내 뿐만 아니라 글로벌 환자 한 분 한 분의 니즈를 맞추는 치열한 상황에서, 스스로의 굳건한 원칙을 기본으로 환자의 니즈를 맞추는 것이 중요하다는 것을 체감하고 있습니다. 이 책 '원칙을 지키는 투자'는 단순한 수익을 넘어, 투자자의 철학과 흔들리지 않는 중심을 세우는 데 도움을 주는 책입니다. 사랑하는 후배인 저자가 쓴 이 책은 얘기치 못한 시장의 변동성 앞에서도 흔들리지 않고, 시대의 흐름을 읽고 그 위에 나만의 투자 원칙과 방향을 세우는 진정한 투자자의 기준을 찾고자 하는 많은 분들에게 깊은 울림을 줄 것입니다.

- 벨리시모 의원 청담본점 대표원장 이재효

■

어려운 시기를 슬기롭게 극복하고 항상 열정적으로 꿈을 향해 달려가는 친구를 보며 많은 자극을 받고 있습니다. 이번 책도 친구의 노력과 삶의 지식이 가득 담겨 있을거라 믿습니다. 많은 사람들에게 이 책이 좋은 길잡이가 되기를 진심으로 응원합니다.

- 한국산텐제약 본부장 이창훈

■

책을 읽으면서 힘든 시간을 겪는 가운데서도 포기하지 않고 행복한 삶을 꿈꾸며 투자라는 어려운 분야에 대해서 수많은 고민과 고뇌를 거듭한 내 친구성화의 대견함과 혜안에 머리가 숙여집니다. 서양에서 시작된 "투자"의 수학적 개념을 동양의 "주역"과 함께 풀어나가면서 투자자의 심리까지 고려한 부분은 투자는 숫자분석이 중요할 뿐만 아니라 투자자의 심리까지도 고려한 뛰어난 분석과 접근이라고 생각합니다. 책 속에서 저자가 이야기 했듯이 모든 사람의 인생에는 흐름이 있고, 그 흐름은 사람마다 다르듯이 이 책은 "투자"라는 어려운 분야에서 거센 풍랑과 파도를 만났을 때 좌절하지 않고 풍랑 속에서 흐름을 읽고 자기 자신만의 흐름을 찾아서 밝은 길로 나아갈 수 있는 좋은 나침반이 될 것이라 생각합니다.

- ARKEMA GROUP JAPAN 신사업부문 개발부장 전원우

■

착실함으로 다져진 저자의 관점이 돋보이는 책, 복잡한 투자의 세계를 쉽게 풀어냅니다.

- ETRI/UST 공학박사/정교수 정환석

■

제가 아끼는 후배가 본인만의 독특한 방식으로 혼란스러운 시장에서도 투자자가 흔들리지 않는 방법을 전달해 주었습니다. 투자의 궁극은 미래의 수익이 아니라 오늘을 주체적으로 살아가는 방식임을 이 책을 통해 잘 배워보겠습니다.

- 포스코기술투자 전략투자실 그룹장 조규원

■

　오랜 시간 함께 성장해 온 대륜고등학교 동창이자, 지금은 회사를 경영하며 투자자로서도 성실히 길을 닦아온 저자는 누구보다도 꾸준함과 실천력을 갖춘 사람입니다. 그는 화려한 이론보다, 직접 부딪히고 경험한 '현장의 지혜'를 소중히 여깁니다. 이번 책은 단순한 투자 이론서를 넘어, 치열한 현실 속에서 쌓아올린 소중한 경험과 통찰을 담고 있어 더욱 값진 가치를 지닙니다. 투자에 관심 있는 분들은 물론, 스스로의 삶을 주도적으로 이끌고자 하는 모든 이들에게 큰 울림을 줄 것입니다.

　특허법인에서 변리사로 일하며 다양한 창업자와 투자자들을 만나온 제 경험으로 비추어 보더라도, 저자의 현실적이고 진정성 있는 접근은 꼭 한 번 읽어볼 가치가 있습니다. 진심을 담아 이 책을 추천합니다.

- 특허법인 지명 변리사 최웅근

■

　인생은 많은 선택과 결정으로 이루어집니다. 주역이 말하는 사람과 세상과의 관계에서 가장 핵심적인 선택의 원리는 나아갈 때와 물러설 때를 아는 것입니다. 저자는 성공하는 투자는 세상을 대하는 철학과 태도가 시간을 통해 증명되는 과정이라고 합니다. 이 책을 통해 성공하는 투자와 삶을 대하는 통찰력을 얻게 되기를 바랍니다.

- 이니스트 대표이사 황세원

■

오랜 친구의 통찰과 진심이 이 책을 읽는 모든이에게 길잡이가 되길 바라며, 그리고 이 시작이 더 큰 성공의 문을 열어주길 바랍니다.

- 해일테크 대표 허강수

■

책을 읽는 내내, 필자가 제시하는 투자 원칙이 내 인생을 통찰하는 나침반이 되어줄 것이라는 기대와 설렘으로 가슴이 뛰었습니다. 수많은 투자 지침서들과 차별화되는 필자만의 소신과 혜안에 깊은 찬사를 보내며, 많은 독자들에게 이 책을 정독할 것을 권합니다.

- 법무법인 화우 변호사 홍성

목차

프롤로그　　　　　　　　　　　　　　　　17

제 1부 - 투자 실전편

제1장 고전, 경제적 자유, 그리고 운　　　　23
제2장 투자 전략 소개　　　　　　　　　　32
제3장 자동화된 지혜　　　　　　　　　　67
제4장 투자를 위한 주역 공부　　　　　　75
제5장 나의 전략과 주역의 만남　　　　　88
제6장 전략의 실전 사례　　　　　　　　99
제7장 당신의 포트폴리오는 철학이다　　112

제 2부 - 투자 심리편

제8장 투자자의 심리　　　　　　　　　　122
제9장 돈의 진짜 의미　　　　　　　　　　133
제10장 타이밍, 주기 그리고 기다림의 기술　141
제11장 운 좋은 사람이 투자에서 성공하는 이유　159

제12장	마음이 운을 만든다	174
제13장	살얼음 위를 걷듯, 삶을 다루는 자세	184
제14장	절제의 품격	192
제15장	세상의 기준이 아닌, 나만의 해답을 빚어가는 삶	201
제16장	자존감과 비교하지 않는 삶	208
제17장	지금 이 삶을 누리는 힘	219

에필로그 226

부록 시장과 운의 흐름을 읽는 64괘 괘상표 230

프롤로그

　이 책은 필자의 고백이자 항해일지입니다. 첫 사회생활이라는 이름으로 시작된 삶은, 실은 아버지의 회사를 지키기 위한 절박한 생존의 몸짓이었습니다. 채권사 담당자들의 전화와 방문이 멈추지 않던 사무실, 책상 위를 덮은 수많은 소송 서류들, 그리고 그 서류를 넘길 때마다 손끝으로 스치던 문장 하나하나가 가슴을 죄어오던 날들.

　한때 지역사회에서 '사장님의 아들'로 받던 존중의 시선은 점차 싸늘해졌고, 길에서 마주치는 이들의 눈빛에는 안타까움과 거리감이 함께 서려 있었습니다. 필자는 그 무게를 고스란히 감당하며, 외면당하는 젊은 자존심과 끝까지 회사를 지켜야 한다는 책임 사이에서 하루하루를 견뎌야 했습니다.

그때 아버지의 회사는 이미 너무 깊은 어려움에 놓여 있었습니다. 필자 역시 준비하던 모든 일을 내려놓고, 선택의 여지 없이 대구로 내려갈 수밖에 없었습니다. 회사에는 채권자들이 들이닥쳐 있는 상황에서 거의 매일같이 법원의 송달 서류를 말없이 건네는 우체국 집배원분의 익숙한 눈빛에는 저를 보면서 말 못할 미안함과 안쓰러움이 담겨져 있었던 것 같습니다. 그 침묵이 오히려 더 많은 말을 건네는 듯 느껴졌습니다.

이 책을 쓰게 된 것은 현재 필자가 지혜를 나눌 위치에 섰기 때문이 아니라 여전히 부족하고 흔들리는 삶 속에서, 지나온 시간을 담담히 돌아보고 스스로에게 조용히 다짐을 남기고 싶었기 때문입니다. 보통 책을 쓴다고 하면 무언가를 이루었다는 뜻으로 여길 수 있지만, 필자에게 이 글은 흔들렸던 순간들 속에서 다시 용기를 내어 도전했던 시간들을 남기고자 하는 마음에서 비롯되었습니다.

마음이 부서질 듯한 시절, 그저 스스로를 달래기 위해 조용히 책 한 권에 기대어 보려 했습니다. 처음엔 위로가 필요해 힐링의 문장을 찾아다녔고, 이내 스스로를 보다 성장하고 싶은 갈망으로 자기계발서를 펼쳤습니다. 그러다 관심은 경영과 경제와 같은 실용서로 옮겨갔고, 결국 그 끝에서 '고전'이라는 깊고 울창한 숲을 마주하게 되었습니다.

처음엔 낯설기만 했던 그 숲 속에서, 어느 날 문득 오래된 문장 하나가 내 삶을 비추는 듯한 순간이 찾아왔습니다.

그때 깨달았습니다. 정답은 언제나 새로움 속에 있는 것이 아니라, 오래된 질문 속에 있었다는 것을. 고통의 해답은 이 세상의 논리로 풀리지 않았기에, 필자는 고전이라는 오래된 나침반에 귀를 기울이게 되었습니다. 지금도 여전히 그 언어를 다 알지 못하지만, 그 흐름 속에서 조금씩 방향을 찾고 있습니다. 결국 그 여정은 자본주의 바다를 건너기 위한 실용적 도구인 '투자'로 나아갔고, 필자는 그 중에서도 가장 생동하는 시장, 주식이라는 파동 위에 발을 딛게 되었습니다.

우리는 이제 예측 불가능성과 불확실성이 일상화된 시장에 살고 있습니다. 경제는 더 이상 선형적으로 움직이지 않고, 기술은 미래를 가속화하며 동시에 불안을 동반하고, 자산은 기존의 재무적 논리와 괴리된 상태에서 파동처럼 출렁입니다. 이런 시대에 투자자는 단순한 숫자 해석이나 차트 분석 이상의 시야를 가져야 합니다. 이제는 큰 흐름을 이해하여 나와 시장이 어떻게 맞물려 있는지를 느끼는 '철학적 감각'이 필수입니다.

『원칙을 지키는 투자』는 지금 이 시대에 꼭 필요한, 새로운 투자 관점과 방향을 나누고자 쓴 책입니다. 투자는 단지 돈을 불리는 일이 아니라, 나를 더 깊이 이해하고, 시장을 통해 세상의 흐름을 읽으며, 그 안에서 나만의 길과 운을 찾아가는 과정이라 생각합니다.

이 책은 그런 여정을 함께하는 분들을 위한 이야기입니다. 삶에 대한 생각과 시장에 대한 통찰을 실제 투자 전략으로 녹여내려 노력했고, 그 결과가 Quantum 4-Step SYSTEM이라는 이름으로 정리되었습니다.

이 책은 인생의 다음 챕터를 더 주체적으로 살아가고 싶은 분들, 단순한 경제적 자유를 넘어 삶의 방향과 의미까지 고민하는 분들을 위한 작은 안내서가 되었으면 합니다. 이 글이 당신의 길 위에 작은 불빛 하나로 남기를 바랍니다.

마지막으로, 어려운 상황 속에서도 늘 묵묵히 저를 믿어주고 사랑으로 감싸준 아내, 아빠만 보면 예쁜 미소로 마음을 밝혀주는 사랑스러운 딸, 우리 가족 모두에게 기쁨과 웃음을 선물해주는 소중한 아들, 그리고 언제나 아들의 앞날을 응원해 주시고 평생을 몸소 근면성실하게 인생을 살 수 있도록 가르쳐주시고, 아낌없는 지혜를 나누어 주시는 아버지, 어머니, 늘 따뜻한 사랑으로 보듬어 주시는 장인어른, 장모님, 마지막으로 언제나 진심어린 배려와 믿음으로 늘 우리 곁을 지켜주는 누나와 매형, 어느덧 듬직해진 나의 조카들에게 진심으로 사랑과 감사를 전합니다.

이 책은 그 사랑과 믿음 속에서 쓰여졌습니다.

제 1부
투자 실전편

제1장

고전, 경제적 자유, 그리고 운
"왜 나는 투자사업을 하는가?"

"부(富)란 단지 돈이 많은 것이 아니라,
자신이 선택한 삶을 살 수 있는 자유다."

- 탈레스

우리는 흔히 투자를 '돈을 버는 기술' 정도로 생각합니다. 하지만 진짜 투자는 단순히 자산을 늘리는 일이 아니라, 자신이 어떤 삶을 살고 싶은지를 선택하는 과정입니다. 자본주의 사회에서 우리는 끊임없이 선택하고 움직이며 살아갑니다. 이 흐름 속에서 투자란, 내가 주도적으로 방향을 잡고 앞으로 나아가기 위한 수단입니다. 남들이 가는 길을 따라가기보다는, 나만의 기준과 원칙을 세우고 그에 따라 결정해가는 일인 것입니다. 그래서 투자는 단지 돈의 문제가 아니라, 삶을 어떻게 바라보고 설계할 것인가에 대한 이야기입니다.

현대 자본주의는 멈추지 않습니다. 정부와 중앙은행은 끝없이 통화를 공급하고, 그 대가는 고스란히 화폐 가치의 희석으로 돌아옵니다. 지갑 속 돈은 그대로지만, 그것으로 살 수 있는 실물의 양은 점점 줄어들고 있는 것입니다. 프랑스 경제학자 토마 피케티는 말했습니다. "화폐는 늘어나도, 실물은 늘어나지 않는다. 그래서 자산을 가진 자는 더 부자가 되고, 그렇지 못한 자는 끝내 뒤처진다." 이는 단순한 경제 이론이 아니라, 지금 우리의 삶에서 현실이 되어가고 있는 이야기입니다. 한때 자장면을 사 먹던 돈으로, 이제는 껌

한 통조차 살 수 없습니다. 문제는 돈이 줄어든 것이 아니라, 돈의 가치가 무너지고 있다는 사실입니다." 모두가 풍요로워진 것처럼 보이는 이 착시는, 물 탄 와인처럼 점점 그 진함을 잃어갑니다. 눈앞에서 자산 가격이 오르는 것처럼 보일 때조차, 그것은 자산의 '가치'가 아니라 화폐의 '가치 하락'이 만들어낸 착시일 뿐입니다. 이 흐름에서 벗어나지 못하면, 우리는 저절로 가난해집니다. 투자는 선택이 아니라 생존을 위한 필수 전략입니다.

필자는 어린 시절, 아버지의 사업 위기를 가까이서 겪으며 자본주의의 냉혹함을 몸으로 배웠습니다. 법원의 송달 서류가 책상 위를 가득 메우고, 회사 건물이 강제 경매로 넘어가며 하루아침에 건물주에서 임차인으로 전락하는 경험은 단지 자산을 잃는 일이 아니었습니다. 그것은 삶의 존엄과 방향이 무너지는 충격이었습니다. 당시 '제소전화해'라는 법적 담보를 임대인들에게 해줌으로써 간신히 회사를 유지하던 시절, 필자는 단순히 회사를 지키는 것을 넘어서 더 큰 결심을 하게 됩니다. 다시는 외부 변수에 흔들리지 않고 경제적으로 나 자신과 가족만큼은 반드시 지키겠다는 다짐이었습니다. 그 시절의 고통은 단순히 돈의 문제를 넘어, 삶의 방향, 인간관계, 자존감까지 송두리째 흔드는 일이었습니다. 근로소득이나 사업소득만으로는 대응할 수 없는 외부 환경 앞에서 인간은 얼마나 무력해질 수 있는지를 뼈저리게 깨달았습니다. 그래서 필자는 일을 해서 얻게 되는 사업 소득 외에 투자 소득을 올리는 방법에 눈을 돌리게 되었습니다. 단순히 수익을 내는 기술이 아니라, 흐름을 읽고 방향을 설정하며, 자신만의 구조를 세우는 방식으로서의 투자 말입니다.

이후 필자는 고전을 읽기 시작했습니다. 처음에는 지친 마음을 달래기 위한 위로의 독서였습니다. 사업의 실패와 경제적 압박 속에서, 무너진 내면의 중심을 다시 세울 무언가가 절실했기 때문입니다. 그렇게 마음의 갈피를 찾기 위해 펼친 책들 속에서, 뜻밖에도 초운 김승호 선생님의 『돈보다 운을 벌어라』를 통해 '주역(周易)'이라는 고전의 지혜를 접하게 되었습니다. 그것을 통하여 주역에 대한 언급이 강한 울림으로 다가왔고, 자연스럽게 주역을 보다 쉽게 풀어낸 책들을 찾아 읽기 시작했습니다. 그리고 점차 그 세계에 깊이 매료되었습니다.

주역은 단순히 점을 치기 위한 기술서가 아니었습니다. 그 안에는 우주의 흐름과 인간 삶의 리듬을 읽어내는 구조적 철학, 변화와 균형의 원리, 타이밍의 본질이 깊숙이 녹아 있었습니다. 특히 세상의 질서를 구조화하고, 만물의 변화 속에서 방향을 찾는 사유 방식은 필자에게 '투자'라는 세계를 바라보는 전혀 새로운 시야를 열어주었습니다.

2020년, 팬데믹이라는 전례 없는 혼돈 속에서 '동학개미운동'이라는 이름 아래 수많은 개인 투자자들이 증시라는 낯선 전장에 몸을 던졌습니다. 그러나 철학 없는 '묻지마식 투자'는 많은 이들에게 뼈아픈 손실을 안겨주었고, 반대로 자신의 운(運)의 흐름과 시대의 조류를 통찰한 이들은 위기 속에서 기회를 건져 올릴 수 있었습니다. 결국 투자는 단순한 숫자 계산이 아니라, 그 숫자를 만든 배경과 변화를 이해하는 일입니다. 결국 자신이 가진 생각과 운을 어떻게 실제 행동으로 옮기느냐가 중요합니다.

모건 하우절은 『돈의 심리학』에서 "성공은 지식이 아니라 태도에서 비롯된다"고 지적합니다. 시장에 대한 정보나 기술적 분석보다 중요한 것은, 투자에 임하는 마음가짐과 시간에 대한 관점입니다. 특히 복리의 힘은 단기적인 눈앞의 수익이 아닌, 시간을 이기는 인내와 일관성 있는 태도에서 비롯된 결과물입니다. 하지만 많은 투자자들은 불안, 조급함, 욕심 같은 감정에 흔들려 스스로 복리의 흐름을 끊고 마는 경우가 많습니다. 그래서 감정관리야말로 투자에서 가장 먼저 구조화되어야 할 항목입니다. 감정이 판단을 흐리지 않도록, 분산투자와 자동화된 매수·매도 전략은 투자자의 심리를 안정시키는 도구가 됩니다. 투자의 성과는 기술이 아니라, 결국 스스로를 얼마나 통제할 수 있느냐에 달려 있습니다. 복리란 단지 돈이 돈을 버는 구조가 아니라, 철학과 태도가 시간을 통해 증명되는 과정입니다. 결국 좋은 투자란 외부의 정보를 맞히는 능력보다, 자신만의 철학을 일관된 구조로 만들고, 그 구조 안에서 흔들리지 않는 삶을 살아가는 힘에 가깝습니다.

투자란 그런 의미에서 수익을 올리는 기술이 아니라, 삶을 어떻게 운용할 것인가에 대한 철학적 실천이라 할 수 있습니다. 그래서 이 책의 후반부는 삶을 바라보는 저자의 관점에 대해서 깊게 이야기 할 것입니다. 『돈보다 운을 벌어라』의 저자 초운 김승호 선생님은 "운은 하늘에서 떨어지는 것이 아니라, 반복 가능한 행동과 긍정적 에너지, 자기 절제, 환경 설계를 통해 만들어지는 것"이라고 독자들에게 알려주고 있습니다. 이는 투자에도 그대로 적용됩니다. 단기적인 운에 의존하는 투자가 아니라, 반복 가능한 시스템과 훈련된 태도, 감정을 절제하는 구조적 장치, 그리고 스스로에게 유리한 환경을 설계하는 힘이 결국 작동하게 되는 것입니다. 운이 따르는 사람은 시간을 잘 쓰는 사람입니다. 그리고 그 시간을 어떻게 짜임새 있게 사용하느냐에 따라 투자 결과도 달라집니다. 결국 운은 자기 생각과 철학이 담긴 계획을 통해 현실이 됩니다. 투자도 마찬가지입니다. 철학이 없으면 쉽게 흔들리고, 계획이 없으면 아무리 해도 쌓이지 않습니다.

결국 투자는 돈의 기술을 넘어, 삶과 운을 설계하는 구조적 방식입니다. 변화에 흔들리는 대신, 기회인지 위기인지의 흐름을 읽고 그 위에 나만의 원칙과 방향을 세우는 사람. 그가 바로 지속적으로 성공을 유지하는 투자자이며, 필자가 이 책을 통해 함께 나누고자 하는 삶의 태도입니다.

Key message

....

- 경제적 자유는 돈이 많아서가 아니라, 내가 선택한 삶을 살 수 있는 힘에서 비롯된다.

- 고전과 실패의 경험은 곧 투자자의 무기가 될 수 있다.

- 지금 삶과 투자에서 중심을 잃은 분들에게 '나만의 원칙' 설정의 중요성을 일깨우며, 이를 통해 자기 운명을 재설계할 수 있다.

제2장

투자 전략 소개

"남들이 탐욕스러울 때 두려워하고,
남들이 두려워할 때 탐욕을 가져라."

- 워렌버핏

이 책에서 소개할 전략은 필자가 운영하는 한섬비즈온(www.handsomebizon.com)의 여러 운용 전략 중에서도, 개인 투자자가 가장 쉽게 접근할 수 있도록 설계된 Quantum 4-Step System, Q4-STEP 전략입니다. 이 전략은 단순하고 직관적입니다. 그러나 단순하다고 해서 얕은 전략은 아닙니다. 오히려 원칙을 끝까지 지켜낸다면, 장기적으로 복리의 위력을 체험할 수 있는 고도화된 투자 구조입니다. 레이 달리오는 "복잡성은 전략의 적이다. 단순함만이 반복을 가능케 한다." 이라고 강조한 만큼 단순한 전략이 굉장히 중요합니다. 하지만 실전에서는 누구나 흔들립니다. 투자자들 눈앞에서 거래대금이 몰리고 급등하는 종목을 보면 마음이 요동을 칩니다. '지금 아니면 늦는다', '이 종목은 뭔가 다를 것 같다'는 유혹에, 전략에서 벗어나 전혀 다른 행동을 하게 되지요.

그것이 바로 우리의 본성, 그리고 대부분의 개인 투자자가 실패하는 이유입니다. 더 높아 보이는 수익률, 더 짜릿해 보이는 지름길을 쫓다가, 결국 꾸준한 복리의 길을 놓쳐버리게 되는 것이죠.

필자가 강조하는 단 하나의 태도는 '무슨 일이 있어도 원칙을 지키는 것'입니다. 경주마는 경기에 나설 때 눈가리

개(blinkers)를 착용합니다. 이는 달리는 동안 좌우의 관중, 다른 말의 움직임, 주변의 소음에 흔들리지 않고 오직 정면만을 바라보게 하기 위함 입니다. 그처럼, 세상의 유혹과 소란 속에서도 나만의 원칙에 집중하는 태도, 바로 그 집중력이 승부를 결정짓습니다. 투자도 마찬가지입니다. 전략을 설계한 순간부터는, 외부의 움직임보다 자신의 흐름에 집중할 수 있어야 합니다. Q4-Step 전략도 같습니다. 지겹도록 단순해 보이는 원칙을 꾸준히 지키는 사람만이 시장의 흐름속에서 진짜 복리의 힘과 시간의 힘을 실현시켜서 경제적 자유를 달성할 수 있을거라 확신 합니다.

제1절: 종목 고르기

하나의 종목을 선택하는 것은 단순히 수익을 노리는 행위가 아닙니다. 그 선택에는 투자자의 시각, 리스크에 대한 태도, 시장을 읽는 통찰력이 모두 담겨 있습니다. 그래서 무작위로 고르거나 감정에 휘둘려 움직이는 순간, 투자자는 이미 시장의 흐름을 놓치고 있는 것입니다. 워런 버핏은 "주식 시장은 인내심 없는 사람의 돈을 인내심 있는 사람에게 옮겨주는 장치다."라고 말했습니다. 이처럼 단기적인 소음에 휘둘리지 않고, 기업의 본질과 장기적인 가치를 중심에 두는 전략만이 시장에서 살아남을 수 있습니다. Quantum 4-Step SYSTEM은 바로 그 본질을 읽고, 구조적으로 대응하며, 리스크를 관리하는 전략입니다. 이는 단순한 매수·매도 타이밍의 기술이 아니라, 투자자가 시장과 어떻게 관계를 맺을지를 결정짓는 철학이기도 합니다.

Quantum 4-Step SYSTEM은 이 과정을 구조화한 전략입니다. 기업을 바라볼 때 단순히 PER이 낮다고, 기술적 지표가 좋다고 매수하는 것이 아닙니다. 거래량의 흐름, 가격의 리듬, 기업의 내재가치, 재무 안정성, 그리고 앞으로의 모멘텀까지 종합적으로 고려합니다. 아래 제시된 8가지 필터를 모두 만족하는 종목을 찾기는 어렵기 때문에, 가능하다면 이 중 4가지 이상을 충족하는 종목을 고르면 됩니다.

필터 ① - 시가총액: 시장이 아직 주목하지 않은 진주를 찾는다

시가총액 700억 원 이상, 9,000억 원 이하의 기업만을 선택합니다. 이 범위는 하루 거래에 필요한 유동성이 확보되면서도, 대형 기관의 집중 매수로 가격이 왜곡되지 않은 중소형 우량주들이 존재하는 구간입니다. 이미 시장의 조명을 받은 거대한 공룡 기업이 아니라, 지금은 아직 조용하지만, 내일의 주인공이 될 수 있는 기업을 찾는 것이 이 구간의 목적입니다. 이 단계에서 놓치는 기업은 많겠지만, 우리는 선택을 좁히는 것이 아니라, 집중을 강화하는 것입니다.

필터 ② - 유보율과 부채비율: 기업의 체력을 점검한다

유보율은 500% 이상, 부채비율은 150% 이하인 기업만 선별합니다. 유보율은 기업이 영업활동을 통해 벌어들인 이익 중에서, 배당이나 비용으로 나가지 않고 기업 내부에 얼마나 남겨두었는지를 나타내는 지표입니다. 이는 '이익잉여금'을 기반으로 산출되며, 유보율이 높을수록 기업이 외부 자금에 의존하지 않고도 위기 상황에서 버틸 수 있는 내재적인 재무 여력이 크다는 것을 의미합니다. 통상적으로 유보율은 다음과 같은 방식으로 계산됩니다:

※ 유보율 = [(이익잉여금 + 자본잉여금) ÷ 납입자본금] × 100

500% 이상의 유보율을 가진 기업은, 납입자본금의 5배 이상의 이익을 축적해두었다는 뜻이며, 이는 외부 충격(예: 매출 급감, 금리 상승, 투자 축소 등)에도 내부 유보금으로 버틸 수 있는 강한 재무 체력을 가진 기업으로 평가됩니다.

이런 기업은 부도나 자금 경색 상황에서도 은행 차입이나 외부 투자 없이 자력으로 생존 및 회복이 가능하므로, 투자자 입장에서는 리스크가 낮고 장기 보유에 적합한 우량주로 간주됩니다. 반대로 유보율이 지나치게 낮은 기업은 영업이익이 적거나 배당이나 비용 지출이 과도한 경우가 많으며, 이럴 경우 위기 상황에서 버틸 자원이 부족해 쉽게 외부 자본에 의존하거나 재무 불안정에 빠질 수 있습니다.

반면, 부채비율이 150%를 초과하는 기업은 재무적으로 과도한 타인의 자본에 의존하고 있다는 뜻이며, 이는 금리 인상, 매출 감소, 투자 위축 등 외부 충격이 발생할 경우 채무 상환에 어려움을 겪고 쉽게 무너질 수 있다는 구조적 취약성을 의미합니다. 일반적으로 부채비율이 100%를 넘으면 자본보다 부채가 많다는 뜻이고, 150% 이상이면 위험 신호로 간주됩니다. '좋은 기업은 위기 때 드러난다'는 말처럼, 이 기준은 투자자의 생존 본능과 가장 밀접하게 연결된 필터입니다.

필터 ③ - 흑자의 연속성: 운이 아닌 실력에 투자한다

최근 3년간 연속 흑자를 기록한 기업만을 선택합니다. 투자에서 단기적인 실적에 주목하는 것은 자연스러운 일입니다. 하지만 중요한 것은 일시적인 반등이 아니라, 일정한 기간 동안 꾸준히 이익을 내는 힘입니다. 그래서 우리는 최근 3년간 연속 흑자를 기록한 기업에 주목합니다. 3년 연속 흑자란, 최근 3개 사업연도 동안 매년 당기순이익이 플러스를 기록했다는 의미입니다. 이는 단순한 호재나 일회성 이익이 아니라, 기업의 경영 안정성과 수익 구조가 체계적으로 작동하고 있다는 신호입니다. 한두 해의 실적 개선은 외부 환경의 영향으로 가능할 수 있습니다. 하지만 3년 이상 안정적인 흑자를 유지한 기업은 리스크 관리, 원가 절감, 시장 대응력등에서 분명한 경영 역량을 보여준 결과입니다. 이익이 반복되면, 그 이익은 내부에 유보되고 자본을 강화합니다. 유보된 이익은 다시 투자와 성장을 가능하게 하며, 이는 시간이 지날수록 복리처럼 작용하는 실력의 흐름으로 이어집니다. 이처럼 반복 가능한 실적을 낼 수 있는 구조를 가진 기업은 내실이 강하고 위기 대응력이 높은 기업입니다. 결국 좋은 기업이란, 시간이 지날수록 더 강해지는 기업입니다. 3년 연속 흑자 기업은 그 실력을 시간으로 증명한 우량 기업입니다. 우리는 그런 기업에 집중합니다.

필터 ④ - 차트의 기억: 2020년 3월을 닮은 흐름을 찾아낸다

2020년 3월, 코로나 팬데믹이 전 세계를 덮치면서 주식 시장은 극심한 혼란에 빠졌습니다. 대부분의 종목이 급락했고, 시장은 공포에 휩싸였습니다. 많은 투자자들이 손실을 감당하지 못한 채 시장을 떠났고, 한동안 투자를 멈춘 사람들도 적지 않았습니다. 하지만 그 시기에도 조용히 방향을 바꾸기 시작한 종목들이 있었습니다. 바닥에서 서서히 매수세가 유입되기 시작했고, 거래량이 늘어나면서 조금씩 반등하는 '턴어라운드' 움직임이 나타났습니다. 그리고 그 반등은 단기적인 기술적 조정이 아니라, 장기 상승의 시작이 되는 경우가 많았습니다.

우리가 찾고자 하는 것은 바로 그때와 비슷한 흐름입니다. 당시와 똑같은 상황이 반복되지는 않겠지만, 시장의 심리 구조나 차트에서 나타나는 전환의 패턴은 다시 나타날 수 있습니다. 특히 주봉 차트를 기준으로 보면, 급락 이후 일정 구간에서 바닥을 다지고 거래량이 붙으면서 상승으로 전환되는 전형적인 흐름이 있습니다. 이 흐름은 단순히 반등을 기대하는 것이 아니라, 구조적인 변화가 시작되는 신호로 해석할 수 있습니다.

차트는 단순한 선의 집합이 아닙니다. 그 안에는 시장

참여자들의 심리, 공포와 기대, 에너지의 축적과 해소가 담겨 있습니다. 우리는 과거의 기억 속에서 의미 있는 구조를 다시 떠올리고, 그것과 닮은 흐름을 보이는 종목을 찾고자 합니다. 급락 이후 일정 기간 바닥에서 횡보하다가 거래량이 증가하고, 주가가 이전의 저항 구간을 돌파하려는 움직임이 나타난다면, 그 종목은 다시 한 번 시세를 만들 수 있는 가능성을 가진 것입니다. 특히 우리나라 주식시장은 이러한 흐름이 반복적으로 나타나는 경향이 있어, 이를 잘 포착하고 활용하는 것이 중요합니다.

시장은 반복되는 속성을 지니고 있습니다. 위기와 기회는 늘 교차하며, 대부분의 사람들은 위기 속에서 움직이지 못하지만 일부 종목은 그 안에서 새로운 시작을 준비합니다. 2020년 3월의 흐름을 기억하고, 그와 닮은 구조를 읽어내는 일은 단지 과거를 되짚는 작업이 아닙니다. 그것은 다음 기회를 미리 알아보는 투자자의 감각이자, 반복 가능한 구조를 기반으로 한 전략적인 선택입니다. 진짜 기회는 모두가 외면하고 두려워할 때 조용히 시작됩니다. 그 흐름을 기억하는 사람이 결국 다음 시세를 잡게 됩니다.

필터 ⑤ - 수급의 움직임: 자금이 들어오는 종목만 본다

당일 거래금액이 150억 원 이상인 종목만을 선별합니다. 거래량과 거래대금은 가장 정직한 지표입니다. 자금이 움직이는 곳에 기회가 있습니다. 시장에서 아무리 좋은 기업이라 해도, 실제로 수급이 따라붙지 않는 종목은 쉽게 움직이지 않습니다. 반대로, 뚜렷한 이유 없이도 자금이 몰리는 종목은 단기적으로 강한 탄력을 보이며 시장의 관심을 끌곤 합니다. 그래서 우리는 자금이 실질적으로 유입되는 종목, 다시 말해 수급이 살아 있는 종목에 주목해야 합니다.

거래금액은 단순한 거래량보다 더 중요한 지표입니다. 거래량이 많더라도 주가가 낮으면 자금 유입 규모는 작을 수 있습니다. 그러나 거래금액은 '실제 시장에서 오간 돈의 총액'을 의미하므로, 이 지표를 통해 현재 시장의 자금이 어느 종목에 집중되고 있는지를 명확하게 확인할 수 있습니다. 거래금액 150억 원은 단순한 기준이 아니라, 기관이나 외국인 투자자 등 주요 세력이 들어올 수 있는 유동성 기준선입니다. 이 기준 이상이면, 종목이 시장에서 일정 수준의 관심을 받고 있으며, 당일 혹은 단기 흐름에서 자금의 방향성이 명확히 드러나는 종목일 가능성이 높습니다. 이는 단순히 기술적인 상승이 아니라, 실제 수급이 뒷받침되는 종목을 선별하는 데 효과적인 필터입니다.

결국 투자란 에너지의 흐름을 읽는 일입니다. 자금이 유입되지 않는 종목은 움직이지 않고, 움직이지 않는 종목은 시세를 만들 수 없습니다. 이 필터는 시장의 관심과 자금의 흐름이 실질적으로 닿아 있는 종목만을 대상으로 분석하기 위한 매우 현실적이고 실전적인 기준입니다.

필터 ⑥ - 주가 기준: 극저가주는 배제한다

한 주당 2,500원 이상의 종목만을 선택합니다. 종목을 선별할 때 주가는 단순한 숫자가 아닙니다. 기업의 시장 신뢰도와 투자 심리, 그리고 자금 유입 가능성까지 포함하는 중요한 기준입니다. 우리는 한 주당 주가가 2,500원 이상인 종목만을 선택 기준은 단순한 가격 필터가 아니라, 극저가주를 배제하고 정상적인 시장 평가를 받고 있는 종목을 중심으로 투자하기 위한 최소 조건입니다.

주가가 2,000원 이하로 낮은 종목, 특히 1,000원 이하의 소위 '동전주'들은 종종 테마성 급등락이나 세력주로 분류되는 경우가 많습니다. 이들 종목은 기업의 본질적인 가치보다는 수급에 의한 단기 변동성이 크고, 투자자 입장에서는 예측 불가능한 리스크를 동반합니다. 특히 극단적으로 낮은 가격은 잦은 유상증자, 자본잠식, 관리종목 지정과 같은 구조적 위험을 내포하고 있는 경우가 많습니다.

반면, 일정 수준 이상의 주가를 유지하고 있는 종목은 시장에서 기업의 가치가 일정 수준 이상으로 평가받고 있다는 신호이자, 장기적인 투자 관점에서도 안정적인 접근이 가능한 대상입니다. 2,500원이라는 기준은 보수적으로 보일 수 있지만, 이는 지나치게 투기적인 종목을 사전에 걸러내기 위한 현실적인 선택입니다.

결국 좋은 투자란, 단기 급등을 노리는 것이 아니라 리스크를 줄이면서 구조적으로 상승할 수 있는 종목을 선별하는 일입니다. 주가 기준을 설정하는 것은 그 첫 번째 관문이며, 이를 통해 시장에서 기본적인 신뢰를 받고 있는 기업들에 집중할 수 있습니다. 이 필터는 가격이 아닌 기업의 체급과 시장 내 포지셔닝을 구분짓는 하나의 도구입니다.

필터 ⑦ - ROE: 자본을 얼마나 잘 굴리는지 본다

ROE(자기자본이익률)가 2 이상인 기업만을 고려합니다. ROE(Return on Equity), 즉 자기자본이익률은 기업이 투입된 자본을 얼마나 효율적으로 운용해 이익을 내고 있는지를 보여주는 대표적인 수익성 지표입니다. ROE는 '순이익 ÷ 자기자본 × 100'으로 계산되며, 수치가 높을수록 같은 자본으로 더 많은 이익을 만들어냈다는 뜻입니다. 우리는 이 지표가 2 이상인 종목을 기준으로 삼습니다.

ROE가 2라는 숫자는 낮아 보일 수 있지만, 여기에는 보수적인 관점에서의 필터링의도가 담겨 있습니다. ROE가 마이너스이거나 지나치게 낮은 기업은 실질적으로 수익을 내지 못하고 있거나, 자본을 효과적으로 활용하지 못하고 있는 상태입니다. 이런 기업은 성장 가능성과 관계없이 안정적인 수익 기반이 약하기 때문에 중장기 투자의 관점에서는 신중히 접근할 필요가 있습니다.

반면 ROE가 2 이상인 기업은 기본적인 수익 체력이 갖춰져 있고, 경영진이 자본을 방치하지 않고 적절하게 운영하고 있다는 신호로 해석할 수 있습니다. 물론 10 이상, 20 이상과 같은 고ROE 기업들이 장기 성장주로 주목받는 경우도 많지만, 시장 전체를 대상으로 실전 투자 필터를 설계할 때는 2라는 기준이 기업의 경영 성과와 수익 구조의 기본적인 건전성을 가늠할 수 있는 현실적인 기준선이 됩니다.

우리가 중요하게 여기는 것은 숫자 그 자체보다는, 그 숫자가 의미하는 기업의 내실과 운용 능력입니다. ROE는 단순한 수익률이 아니라, '자본 효율성'이라는 관점에서 기업을 평가하는 핵심 도구입니다. ROE가 일정 수준 이상인 종목을 고르는 것은 결국 자금을 효과적으로 굴릴 줄 아는 기업에 투자하겠다는 철학적 선언과도 같습니다.

필터 ⑧ - 시장 테마: 지금 주목받는 흐름을 타야 한다

현재 시장에서 주목하는 섹터나 테마에 포함된 종목을 대상으로 삼습니다. 시장에서 움직임이 생기는 곳에는 항상 이유가 있습니다. 그 이유는 때로는 새로운 기술이나 정책일 수 있고, 때로는 외부 이슈나 환경 변화일 수도 있습니다. 중요한 것은 지금 이 순간 시장에서 어떤 섹터와 테마가 주목받고 있는지를 읽고, 그 흐름에 올라탈 수 있는 종목에 집중하는 것입니다.

우리는 현재 시장의 관심이 집중되고 있는 섹터나 테마에 포함된 종목을 우선적으로 살펴봅니다. 이는 단기적인 유행을 쫓겠다는 뜻이 아니라, 지금 자금이 몰리고 있는 방향을 확인하고 그 에너지를 활용하겠다는 전략적인 선택입니다. 시장은 언제나 특정한 이슈를 중심으로 움직입니다. 예를 들어 반도체, 2차전지, 인공지능, 로봇, 원자력, 방산, 정치 테마 등은 뉴스와 정책, 글로벌 트렌드에 따라 반복적으로 부각되는 흐름입니다.

테마에 올라탄 종목은 단기적인 거래량 증가뿐만 아니라, 심리적인 매수 동기를 제공받기 때문에 상대적으로 시세가 빠르고 강하게 나타나는 경우가 많습니다. 반면 아무리 내실이 좋은 기업이라 해도, 시장에서 관심을 받지 못하면 당분간 주가는 움직이지 않을 수 있습니다. 따라서 현재 시장이 어떤 스토리를 만들어내고 있으며, 그 흐름의 중심에 어떤 종목이 포함되어 있는지를 살피는 일은 매우 현실적인 투자 기준입니다.

이 필터는 기본적인 기업 분석과는 다른 관점에서, '시장이라는 무대 위에 올라간 배우'를 먼저 찾는 작업입니다. 아무리 훌륭한 역량을 가진 배우라도 조명이 켜지지 않으면 드러나지 않듯, 기업 역시 시장의 주목을 받을 때 비로소 시세가 나타납니다. 이 필터는 시장에서 만들어지는 서사와 연결된 종목을 찾기 위한 필수적인 감각이자 전략적 접근법입니다.

이 여덟 가지 필터는 단순한 숫자나 조건이 아니라, 시장과 기업, 투자자의 심리를 함께 읽어내기 위한 정밀한 기준입니다. 재무 안정성(유보율, 부채비율), 수익성(흑자 지속, ROE), 기술적 흐름(차트 구조, 거래금액), 시장의 관심도(테마, 수급), 그리고 기본적인 가격 체계(주가 기준, 시가총액 범위)까지 모두를 포괄하며, 실전 투자에 필요한 구조적 선별력을 제공합니다. 결국 중요한 것은 수많은 종목 중 어디에 집중할지를 아는 것이며, 이 필터들은 바로 그 선택을 위한 전략적 나침반입니다.

구분	필터 기준	의미 요약
시가총액	700억 ~ 9,000억	중소형주 중 기회 있는 종목
유보율/ 부채비율	유보율 ≥ 500%, 부채비율 ≤ 150%	재무안정성 확보
3년 연속 흑자	최근 3년 당기순이익 흑자	운 아닌 실력
차트 흐름	2020년 3월 저점 유사 구조	바닥에서의 턴어라운드
수급 조건	당일 거래금액 150억 이상	세력의 관심 확인
주가 기준	2,500원 이상	극저가주 배제, 시장 신뢰도 고려

ROE	2 이상	자본을 효율적으로 굴리는 기업
테마	시장 주도 테마 포함 여부	자금 흐름에 올라타기

〈8가지 필터 요약 표〉

제 2 절: Q4-STEP 시스템 운용하기

"감정이 아닌 구조로 대응하라"

투자의 세계에서 가장 위험한 적은 외부에 있지 않습니다. 진짜 위험은 시장 바깥에 있는 것이 아니라, 투자자 자신의 내면에 숨어 있습니다. 그 내부의 정체는 다름 아닌 '자기 자신'입니다.

공포는 매수를 망설이게 합니다. 타이밍을 알고 있음에도 불구하고, 막상 손이 움직이지 않습니다. 반대로 탐욕은 매도 타이밍을 늦춥니다. 이미 수익을 얻고 있음에도 더 욕심을 내다가, 오히려 기회를 놓칩니다. 조급함은 준비한 전략을 망각하게 만들고, 즉흥적인 매수·매도를 유발합니다.

후회는 과거의 실수를 반복하게 만듭니다. 이처럼 투자에서의 감정은 철저히 실수의 반복을 유도하는 구조를 가지고 있습니다.

무엇보다도 무서운 점은, 주가가 흔들리기 전에 내면의 감정이 먼저 흔들린다는 사실입니다. 주가의 등락은 냉정한 데이터지만, 사람의 마음은 그보다 훨씬 빠르고 불안정하게 반응합니다. 수많은 투자자들이 알고도 실행하지 못하고, 계획을 세우고도 지키지 못하는 이유는 바로 여기에 있습니다.

Q4-STEP 시스템은 이 같은 심리적 파동에 휘둘리지 않기 위해 만들어졌습니다. 이 시스템은 시장을 예측하려 하지 않습니다. 대신, 시장이 어떻게 변하든 흔들리지 않을 구조를 만드는 데 집중합니다. 그것이 바로 실전 대응의 본질입니다.

Q4-STEP의 핵심은 단순하면서도 강력한 두 가지 원칙에 있습니다. 바로 '단계적 매수'와 '다계좌 운용'입니다. '단계적 매수'는 자본을 한 번에 투입하지 않고 여러 구간으로 나누어 진입함으로써, 시장의 단기적 변동성에 감정이 휘둘리지 않도록 돕는 장치입니다. 급락이 오더라도 전부를 잃지 않고, 반등이 와도 일부는 참여할 수 있게 하여, 투자

의 결정을 감정이 아니라 구조에 맡기도록 합니다.

'다계좌 운용'은 동일한 종목이라도 여러 계좌에 나눠 매수하거나, 섹터별 중복을 피하면서 리스크를 줄이는 방식입니다. 이는 단순한 자산 배분을 넘어, 심리적으로 압박받지 않도록 설계된 투자자의 방어 체계입니다. 한 계좌에 집중된 손실은 투자자의 멘탈을 쉽게 무너뜨리지만, 분산된 손실은 감정의 충격을 흡수할 여유를 만들어줍니다. 결국 이것은 심리의 완충 장치 역할을 할 수 있습니다.

이 두 가지 원칙은 단순한 매매 방식이 아니라, 투자자의 감정을 제어하고 시장의 흐름을 구조적으로 받아들이는 전략적 사고의 틀입니다. 투자에서 감정은 피할 수 없습니다. 하지만 그것에 휘둘리지 않을 수는 있습니다. Q4-STEP 시스템은 감정을 억제하려는 게 아니라, 감정이 개입하지 않도록 미리 설계된 시스템입니다.

매수 단계	조건	투자 비중	투자 금액 (한종목 4천만원 기준)	계좌	익절 조건
1차 매수	거래대금 급증, 종가 진입	7.5%	300만 원	계좌 A	+7.7% 상승 시 익절
2차 매수	1차 매수 -12% 하락 시	22.5%	900만 원	계좌 B	+7.7% 상승 시 익절
3차 매수	2차 매수 -12% 하락 시	30%	1,200만 원	계좌 C	+7.7% 상승 시 익절
4차 매수	3차 매수 -12% 하락 시	40%	1,600만 원	계좌 D	+7.7% 상승 시 익절

〈Q4-STEP 시스템 도표〉

Q4-STEP 시스템은 총 4단계에 걸쳐 분할 매수를 진행하고, 각 단계마다 별도 계좌로 나누어 투자함으로써 심리적 부담을 줄이고 전략적 대응을 가능하게 합니다.[1] 한 종목당 전체 투자금 4천만 원을 기준으로 설계되어 있으며, 각 매수 시점은 일정한 가격 조정 구간을 전제로 설정됩니다.

1차 매수는 위의 8가지 필터를 거친 종목을 장이 끝날 때 쯤 매수(종가 매수)를 합니다. 이때 투자 비중은 전체 자금의 7.5%에 해당하는 300만 원이며, 1번계좌인 '계좌 A'를 통해 진입합니다. 이후 해당 물량이 +7.7% 상승할 경우 자동 익절합니다.

2차 매수는 1차 매수 단가에서 12% 하락했을 때 진입합니다. 투자 비중은 22.5%이며, 900만 원을 '계좌 B'에 할당합니다. 마찬가지로 해당 매수분이 +7.7% 상승 시 익절을 실행합니다.

3차 매수는 2차 매수 가격 대비 12% 추가 하락했을 때 진입하며, 투자 비중은 30%, 금액은 1,200만 원입니다. 이 물량은 '계좌 C'를 통해 진입하며, 동일하게 +7.7% 상승 시 익절 조건을 적용합니다.

---

1) 이 내용은 알앤에이 투자자문(www.rnaia.com) 대표인 김정수 선생님의 이론을 참고하였습니다. (참고문헌 11번)

4차 매수는 3차 매수 단가에서 12% 더 하락한 지점에서 마지막으로 진입합니다. 투자 비중은 전체의 40%에 해당하는 1,600만 원이며, 이 물량은 '계좌 D'에 담깁니다. 역시 +7.7% 상승 시 익절하도록 설정됩니다. 이 Q4-STEP 구조는 총 12종목만을 선택해 관리하며, 각 종목마다 4단계 분할 매수와 계좌 분산 전략을 적용함으로써 손실은 제한하고 수익은 반복적으로 실현하는 체계적인 운용 방식을 지향합니다.

이러한 구조는 총 4개의 계좌로 분산 투자하면서도 각 매수 타이밍과 익절 조건을 명확히 구분함으로써, 투자자가 감정에 휘둘리지 않고 시스템적으로 대응할 수 있도록 돕는 설계입니다. 각 단계에서 매수 후 7.7%의 상승만 확보해도 익절하며 계좌를 비우기 때문에, 손실 회복과 수익 실현의 균형을 동시에 도모할 수 있습니다. 결과적으로 Q4-STEP은 기계적인 구조와 감정적 여유가 동시에 확보된 실전형 투자 시스템입니다.

(1) 네 개의 계좌, 네 개의 관점 - 판단을 나누면 감정은 약해집니다

Q4-STEP 시스템은 하나의 종목을 네 개의 서로 다른 계좌에 나누어 매수합니다. 이 방식은 단순히 리스크를 분산하려는 전통적인 투자 개념을 넘어서, 감정을 분산하고 판단을 나누는 전략적 장치입니다. 쉽게 말해, '한 번에 모든 판단을 쏟지 않고, 네 번에 나눠 실행함으로써 감정의 집중을 피하는 구조'입니다.

투자자는 누구나 첫 매수에 많은 기대와 감정을 담게 됩니다. 그래서 첫 판단이 틀리면 실망감이 커지고, 그 감정은 이후의 매수 타이밍이나 판단에 직접적인 영향을 줍니다. 예를 들어 1차 매수 후 주가가 떨어지면 '지금 더 사서 물타기를 해야하나, 아니면 기다려야 하나'라는 혼란 속에 감정이 흔들리기 쉽습니다. 이때 감정에 끌려 성급하게 추가 매수를 하거나, 반대로 기회를 놓치는 경우가 생깁니다.

하지만 Q4-STEP 시스템에서는 1차 매수와 나머지 매수들이 서로 독립된 계좌에 들어갑니다. 이 말은 곧, 각 계좌가 각자의 판단 시점과 전략을 가지고 있다는 뜻입니다. 1차 매수에서 손실이 나더라도, 그 감정이 다른 세 개의 계좌까지 영향을 주지 않습니다. 심리적 부담이 확산되지 않기 때문에, 다음 판단은 좀 더 침착하고 객관적으로 이뤄질 수 있습니다. 실전에서는 이 차이가 큽니다. 투자에서 중요한 것은 '첫 판단이 맞느냐'가 아니라, '틀렸을 때 어떻게 회복하느냐'입니다. Q4-STEP은 바로 이 회복 과정을 돕는 구조입니다. 계좌를 나누면, 투자자는 손실을 감정적으로 받아들이는 대신, 다음 매수를 새로운 관점에서 판단할 수 있습니다. 이것이 바로 감정을 이기려 하지 않고, 애초에 감정이 집중되지 않도록 설계된 시스템입니다.

Q4-STEP은 "당신은 한 번의 판단에 모든 걸 거시겠습니까, 아니면 네 번의 판단으로 스스로를 보호하시겠습니까?"와 같은 질문으로 투자자에게 자연스럽게 감정을 줄이고, 판단을 나누는 쪽을 선택하게 됩니다. 감정은 나누면 약해지고, 판단은 나누면 더 정확해집니다. Q4-STEP은 그 구조적 장점을 실전 매수 전략에 정교하게 녹여낸 시스템입니다.

(2) 전략적 분산의 미학 - 감정 없이, 구조로 매수하라

Q4-STEP 시스템에서의 분할 매수는 단순히 리스크를 나누기 위한 무작위적 분산이 아닙니다. 이는 정확하게 설계된 4단계 매수 시나리오이며, 그 핵심은 '감정 없이, 구조로 매수한다'는 원칙에 있습니다. 투자는 늘 계획보다 감정이 앞서 무너지기 쉽습니다. Q4-STEP는 그 약점을 정면으

로 대응합니다. 아래는 각 단계의 역할과 전략적 의도를 구체적으로 설명한 내용입니다.

・1차 매수: 보초병을 보내라

1차 매수는 말 그대로 '전초전(前哨戰)'입니다. 시장에 진입하는 첫 시도이며, 세력의 움직임이나 거래대금의 급증이 감지되는 시점에 종가 매수로 진입합니다. 하지만 이 시점에 자금의 7.5%만 투입하는 이유는, 감정을 억제하고 시장의 반응을 읽기 위한 '탐색적 매수'이기 때문입니다.

이 1차 물량은 실제 상승 흐름이 이어져 +7.7% 수익이 도달하면 즉시 익절됩니다. 이때 중요한 점은, 익절 후 바로 당일 종가에 동일한 조건으로 재진입한다는 것입니다. 즉, '익절 후 반복 진입'이라는 매매 루프를 통해 작은 성공을 반복적으로 누적하는 구조입니다. 이는 투자자가 심리적으로 부담을 느끼기 전에 수익을 실현하게 하며, 시장 반응에 민감하게 대응하면서도 감정적으로 휘둘리지 않도록 설계된 정찰형 구조입니다.

・2차 매수: 조정인가, 추락인가를 판별하라

1차 매수 이후 주가가 -12% 하락할 경우, 두 번째 계좌에서

22.5%를 투입합니다. 이 시점은 단순한 물타기 개념이 아니라, 시장 흐름이 일시적 조정인지, 구조적 하락인지를 판단하는 시점입니다. 즉, 2차 매수는 두 번째 관점으로 접근하는 '판단의 자리'입니다.

심리적으로도 1차 매수이후 주가 하락은 어느 정도 충격을 줄 수 있지만, 계좌가 분리되어 있고, 2차 매수가 별도로 실행되기 때문에 감정적 부담이 크지 않습니다. 이 구조 덕분에 2차 매수는 보다 냉정하게, 전략적으로 실행될 수 있습니다. 결국 Q4-STEP의 2차 매수는 손실 구간에서 감정을 통제하면서도, 시장 구조를 분석하는 실전적 판단 구간입니다.

· 3차 매수: 전략적 확신을 강화하라

2차 매수 이후에도 다시 -12% 이상 추가 하락할 경우, 세 번째 계좌에서 30%를 투입합니다. 이 시점은 단순한 하락 대응이 아니라, 분명한 확신을 가진 전략적 진입입니다. 단가를 낮추기 위한 목적도 있지만, 핵심은 "이 종목을 지금의 조건에서 다시 사도 되는가?"라는 진지한 판단을 다시 한 번 묻는 자리입니다.

이 단계에서의 매수는, 시장이 단기 하락 흐름 속에 있더라도 중장기적 구조나 기업 가치를 믿는 투자자만이 실행할 수 있는 영역입니다. 분산된 계좌 운용 덕분에 심리적으로 여유가 있는 상태에서, 전략적 확신을 강화하는 목적의 진입이 가능해집니다.

・4차 매수: 마지막 방어선

마지막으로, 3차 매수 단가에서 다시 -12%가 하락하면, 네 번째 계좌에서 40%를 투입합니다. 이 시점은 사실상 전체 포지션의 완성이며, Q4-STEP의 전략적 배치가 모두 끝나는 자리입니다. 4차 매수는 감정을 이겨내는 투자의 용기이기도 하지만, 동시에 단가 절하의 기회를 극대화하여 반등 구간을 확보하는 전략적 배수진입니다.

4차 매수까지 완료되면, 평균 매수 단가는 상당히 낮아지고, 이후 주가가 조금만 반등해도 +7.7% 익절 구간에 도달할 확률이 급격히 높아집니다. 이 구조는 하락을 리스크가 아닌 기회로 바꾸는 구조이며, 한 종목에서 총 4회의 매수 중 단 1회만 성공하더라도 자산 회복을 견인할 수 있는 역량을 확보합니다.

Q4-STEP의 분할 매수는 숫자가 아닌 시나리오입니다. 각 단계는 기계적인 수치가 아니라, 감정의 흔들림을 억제

하고 전략적 판단을 유도하는 계단형 구조입니다. 1차는 탐색, 2차는 판단, 3차는 확신, 4차는 전환입니다. 그리고 이 모든 흐름은 감정이 아닌 구조로, 타이밍이 아닌 계획으로 움직입니다. 이것이 Q4-STEP가 단순한 기술이 아닌 투자자의 심리를 다룰 줄 아는 전략적 시스템인 이유입니다.

(3) 행동 심리학으로 본 Q4-STEP

투자의 실패 원인은 '정보 부족'보다는 '감정 과잉'에서 비롯되는 경우가 더 많습니다. 사람은 이성적 존재가 아니라, 감정과 본능에 의해 움직이는 존재입니다. 특히 돈과 관련된 의사결정, 그중에서도 불확실성과 손실이 동반된 투자에서는 인지 편향, 손실 회피, 확증 편향, 후회 회피 등 다양한 심리적 오류(bias) 가 작동합니다.

Q4-STEP 시스템은 이 같은 투자자 행동 심리학의 대표적 함정을 회피하기 위한 구조로 설계되었습니다. 아래는 각 매수 단계에서 일반 투자자가 빠지기 쉬운 심리적 반응과, Q4-STEP가 그것을 어떻게 흡수하고 극복하도록 돕는지를 행동 심리학의 관점에서 설명한 내용입니다.

・1차 매수 - 확증 편향(Confirmation Bias)의 함정

처음 종목에 진입할 때, 투자자는 이미 자신의 판단이 옳다는 확신을 가지고 있습니다. 그래서 거래량이 급증하거나 종목 뉴스가 뜨면, 그 정보를 자신이 가진 기대에 맞춰 해석하게 됩니다. 이것이 '확증 편향'입니다. 보고 싶은 것만 보고, 믿고 싶은 대로 믿게 됩니다. 하지만 Q4-STEP의 1차 매수는 7.5%라는 소규모 진입으로 시작됩니다. 이는 심리적 확신에 기반한 몰입이 아니라, 확인을 위한 탐색 매수입니다. 그 결과가 좋으면 익절 후 재진입하고, 좋지 않으면 다음 판단으로 넘어갑니다. 즉, Q4-STEP는 확신을 시험하는 구조이지, 확신에 올인하는 구조가 아닙니다.

・2차 매수 - 손실 회피(Loss Aversion)의 극복

행동 경제학자 대니얼 카너먼(D. Kahneman)은 "사람은 이익보다 손실에서 두 배 이상의 고통을 느낀다"고 말했습니다. 이것이 바로 '손실 회피 성향'이며, 많은 투자자들이 손실을 본 후 불안에 사로잡혀 비합리적인 결정을 내리는 주된 이유입니다.

1차 매수 후 -12% 하락이 발생하면 대부분의 투자자는 매수를 멈추거나, 감정적으로 무리하게 물타기를 시도합니

다. 하지만 Q4-STEP에서는 2차 매수를 전혀 다른 계좌에서 진행합니다. 이 구조는 심리적으로 1차 매수의 실패와 독립된 상태에서 두 번째 판단을 유도합니다. 손실 회피의 감정에 눌리지 않고, 다시 '판단의 자리'로 돌아올 수 있는 심리적 안전 공간을 확보하게 됩니다.

· 3차 매수 - 후회 회피(Regret Aversion)의 해소

2차 매수 후 다시 하락하면, 투자자는 "그때 더 사지 말걸…" 또는 "왜 난 또 틀릴까"라는 후회 감정에 시달립니다. 이때 발생하는 심리는 '후회 회피'로, 과거 실수에 대한 회피 심리가 현재의 판단을 마비시키는 현상입니다. Q4-STEP는 이 상황을 계획된 구조 안에서 이미 예측하고 대응합니다. 3차 매수는 감정의 흔들림을 기다리지 않고, 사전에 설정된 가격 조건과 비중에 따라 자동으로 확신을 강화하도록 설계되어 있습니다. 후회하지 않기 위해 피하는 것이 아니라, 후회가 의미 없는 구조 속에서 행동을 지속하는 시스템입니다.

· 4차 매수 - 앵커링(Anchoring) 효과의 차단

많은 투자자들은 처음 진입했던 가격(앵커 가격)을 기

준으로 계속 판단하려는 경향이 있습니다. 예를 들어, 1차 매수 가격이 10,000원이면, 주가가 7,000원이 되었을 때도 무의식적으로 "다시 10,000원이 되어야 본전이야"라는 생각에 매도를 주저하거나, 반대로 공포에 손절하는 경우도 있습니다.

하지만 Q4-STEP의 4차 매수는 실전에서 그 앵커링을 분해합니다. 가격이 내려갈수록 비중을 늘리고, 평균 단가를 점진적으로 낮추는 구조로 앵커 가격에 고정된 인식을 깨고, 현실적 평균 단가를 중심으로 심리를 재조정합니다. 그 결과 투자자는 "예전 가격"이 아니라, "내가 지금 대응할 수 있는 가격"을 기준으로 움직이게 됩니다.

결론적으로 투자자는 감정에서 자유로울 수 없습니다. 하지만 그 감정이 '결정'에 들어오지 않게 할 수는 있습니다. Q4-STEP 시스템은 감정을 억제하는 것이 아니라, 감정이 끼어들 여지를 구조적으로 제거하는 전략입니다. 이 시스템은 단순한 분할 매수표가 아닙니다. 그 안에는 행동 심리학의 원리를 바탕으로 한 투자자의 심리 방어선과 회복력을 기르는 구조가 담겨 있습니다. '감정 없이, 구조로 매수하라'는 말은 이론이 아니라, 사람의 본성과 실전 시장을 모두 이해한 설계의 결과입니다.

(3) 자동성과 반복성 - 감정이 개입될 틈을 없앤다

Q4-STEP 시스템의 가장 큰 특징 중 하나는 바로 자동성과 반복성입니다. 이 시스템은 시장 상황이나 투자자의 감정 상태에 따라 반응하지 않고, 사전에 정해진 시나리오와 조건에 따라 각 매수와 익절이 자동으로 진행되도록 설계되어 있습니다. 시장 변동이나 돌발 뉴스, 불안이나 욕심과 같은 감정은 이 구조 안에서 개입될 틈이 없습니다. 이러한 자동화된 실행력은 실전 투자에서 매우 중요한 역할을 합니다. 많은 투자자들이 전략은 잘 세우지만, 실전에서는 감정에 휘둘려 매수와 매도 타이밍을 놓치기 쉽습니다. Q4-STEP은 이와 같은 감정의 개입을 원천 차단하고, 의사결정을 사람의 손이 아닌 시스템에 맡기는 구조입니다. 매수는 사전에 설정한 조건을 충족할 때에만 이뤄지며, 수익률이 +7.7%에 도달하면 자동으로 익절이 실행됩니다. 이처럼 구조화된 매매는 투자자가 일일이 판단하지 않아도 되도록 하여, 감정에서 자유로운 투자 환경을 만들어 줍니다.

이 구조는 단지 한 종목에만 적용되는 것이 아닙니다. Q4-STEP은 최대 12개의 종목에 집중하며, 각 종목을 4개의 계좌로 분산하여 총 48개의 포지션을 형성합니다. 각 포지션은 독립적으로 작동하며, 일정 수익 구간에 도달하면 자동으로 매도되고 자금은 다시 회전됩니다. 특정 종목이 손실을 보더라도 다른 종목에서 수익이 나도록 설계되어 있어, 시스템 전체의 안정성과 유연성을 동시에 갖추고 있습니다.

    Q4-STEP은 투자자의 감정을 억누르려 하지 않습니다. 대신, 감정이 개입되지 않도록 구조를 미리 설계해 두는 방식입니다. 감정을 없애는 것이 아니라, 감정이 들어올 자리를 사전에 차단함으로써, 감정 없는 투자가 가능해지도록 만드는 구조입니다. 이 시스템의 핵심은 시장을 예측하는 것이 아닙니다. 시장을 예측하려 하지 말고, 구조로 대응해야 합니다. 시장은 통제할 수 없지만, 나의 판단 구조는 스스로 설계할 수 있습니다. 시장은 변하지만, 구조는 반복할 수 있습니다. 그리고 그 반복 가능한 구조가 바로 Quantum 4-Step입니다. Q4-STEP 전략은 초보 투자자에게는 '절대 기준점'이 되고, 중급 투자자에게는 '감정 통제 장치', 고급 투자자에게는 '반복 가능한 시스템'으로 기능합니다. 이 구조는 당신이 지금 어느 위치에 있든, 그 자리를 출발점으로 삼아 줄 것입니다.

Key message

....

- 자신이 세운 투자 원칙은 경주마의 눈가리개와 같다. 옆을 보지 말고, 앞으로만 가라.

- 투자자 자신만의 체크리스트가 없다면, 시장은 늘 유혹으로 가득 차 있다.

- 나의 관점, 나의 원칙, 나의 선택 기준을 세우는 것이야말로 진짜 성공 투자자의 출발점이다.

제3장

자동화된 지혜
-7.7% 익절의 의미

"성공적인 투자는 머리가 아닌, 태도에서 비롯된다."
- 벤저민 그레이엄

투자자라면 누구나 한 번쯤 스스로에게 묻게 됩니다. "언제 팔아야 할까?"라는 이 질문은 겉보기에는 단순한 타이밍의 문제처럼 보이지만, 실제로는 인간 내면에 자리한 가장 본질적인 갈등에서 비롯된 것입니다. 수익이 발생하면 '조금만 더'를 외치며 익절을 미루고, 손실이 발생하면 언젠가 회복될 것이라는 막연한 기대 속에서 자리를 지키려 합니다. 그렇게 수익은 줄고 손실은 확대되며, 투자자는 감정의 소용돌이 속에 갇히게 됩니다.

워런 버핏은 "감정은 투자에서 가장 큰 적이다"라고 말했습니다. 시장에서 실패하는 근본적인 이유는 정보의 부족이 아니라, 감정을 통제하지 못하는 데 있습니다. Q4-STEP 시스템은 바로 이러한 감정의 전쟁터에서 벗어나기 위한 전략적 해법입니다. 이 전략의 핵심은 간결하지만 강력한 한 문장으로 정리됩니다.

"판단하지 마라. 구조가 너를 대신해준다."

이 말은 단순한 자동 매매 명령문이 아닙니다. 인간의 본능적 감정을 통제 불가능한 요소로 인식하고, 이를 시스템적으로 차단함으로써 안정적인 수익 흐름을 구현하려는 구조적 사유의 결과입니다. 찰리 멍거는 "탁월한 투자는 복잡하지 않다. 단지 그것을 일관되게 지켜내는 것이 어려울 뿐이다"

라고 말합니다. Q4-STEP은 바로 그 '끝까지 지켜냄'을 가능하게 해주는 전략입니다. 이 시스템은 모든 매수 포지션에 대해 +7.7% 수익이 달성되면 인간의 판단 개입 없이 자동으로 시장가 매도를 실행합니다. 이는 단순한 기술적 대응이 아니라, 감정을 배제하고 반복 가능한 수익 흐름을 설계한 구조적 전략입니다. Q4-STEP의 진정한 가치는 복잡한 분석이나 예측이 아니라, 단순한 구조 속에서 원칙을 지켜내는 데 있습니다.

그렇다면 왜 하필 7.7%일까요? 이 수치는 결코 우연이 아닙니다. 수많은 실전 매매와 시장 파동을 분석한 결과, 심리적 저항선, 세력의 수익 실현 구간, 기술적 분기점이 교차하는 지점이 바로 +7.7%였습니다. 7.7%라는 수치는 단순한 임의값이 아닙니다. 인간은 보통 5~10% 사이의 수익을 보면 익절에 대한 갈등을 느끼기 시작합니다. 7.7%는 이 '심리적 만족지점'에 도달하면서도, 시스템적으로 반복 가능한 적정 수익률을 수학적으로 반영한 수치입니다. 단기 복리의 시작점으로서, 심리와 구조를 모두 만족시키는 '균형점'입니다.

여기에 상징적인 해석이 더해지면 이 수치는 더욱 깊은 의미를 갖게 됩니다. 숫자 7은 고대부터 '완성'을 의미하는 수이며, 0.7은 그 완성에서 살짝 벗어난 '변화의 시작점'을 상징합니다. 다시 말해, +7.7%는 완성과 전환이 만나는 경계이며, 수익 실현의 기준점으로서 가장 합리적인 순간이라 할 수 있습니다.

Q4-STEP은 이 7.7% 익절 구조를 반복 가능한 시스템으로 정착시켰습니다. 매도 후에는 거래량이 급등하는 시점에서 다시 1차 매수를 준비합니다. 이 회전 구조는 단기 수익의 반복을 가능하게 하며, 반복은 곧 복리의 기반이 됩니다. 작지만 확실한 성공이 쌓이면, 그것은 더 이상 작은 성공이 아닙니다. 그것은 자산을 키우는 힘이며, 자유를 향한 가장 현실적인 경로가 됩니다.

무엇보다 중요한 점은 이 모든 과정에서 감정이 배제된다는 사실입니다. 투자자는 더 이상 스스로 판단하지 않아도 됩니다. 준비된 시스템에 자신을 온전히 맡기면, 구조가 알아서 수익을 실현해 줍니다. 예를 들어 1차 매수로 5,000원에 진입한 종목이 +7.7% 상승하면 5,385원에 자동으로 매도됩니다. 이후 종가가 5,400원에 형성되면서 거래량이 터진다면 재진입이 이루어지고, 다시 7.7% 상승하여 5,815원에 익절하는 흐름이 이어집니다. 이 같은 구조가 2~3회 반복된다면 연간 수익률은 이미 두 자릿수를 돌파하게 됩니다.

이 모든 흐름에서 투자자는 흔들리지 않습니다. 판단하지 않았고, 오직 따라갔습니다. 예측하지 않았고, 준비된 구조에 반응하였습니다. 그리고 그 결과는 인간이 아닌 시스템이 만들어낸 성과였습니다. 우리는 흔히 '더 오를 것 같다'는 희망에 수익 실현을 미루곤 합니다. 그러나 대부분의 실패는 수익을 지키지 못한 바로 그 순간에서 시작됩니다. 시장은 예측의 대상이 아닙니다. 정확히 맞추는 것이 중요한 것이 아니라, 구조 속에서 살아남는 것이 더 중요합니다. Q4-STEP의 7.7% 익절은 단순한 수익 실현 기준이 아닙니다. 그것은 스스로를 절제할 수 있는가에 대한 질문이며, 탐욕을 다스릴 수 있는가에 대한 철학적 성찰입니다. 내가 세운 원칙을 반복적으로 실천할 수 있는가? 기회를 구조화하여 지속 가능한 흐름으로 만들 수 있는가?

모건 하우절은 말합니다. "투자의 승리는 타이밍이 아니라 태도에서 비롯된다." 이 말처럼, 투자에서 가장 중요한 것은 예측의 정확도가 아니라, 원칙을 지키는 태도와 구조를 따르는 습관입니다. 성공한 투자자마다 스타일은 다르지만, 그들 모두에게는 단 하나의 공통점이 있습니다. 바로 '자신만의 기준'을 지킨다는 점입니다.

Q4-STEP은 그 기준을 시스템화한 전략입니다. +7.7%

익절은 그 전략의 중심이며, 투자자의 중심을 지켜주는 심장입니다. 이 기준을 신뢰하는 순간, 투자자는 감정의 소용돌이에서 벗어나고, 흐름 위에서 움직이는 철학적 투자자로 변모합니다. 그리고 그 흐름은 결국 복리를 만들고, 자산을 축적하며, 경제적 자유를 가능하게 합니다.

Key message

∙ 판단하지 마라, 구조가 너를 대신해준다

∙ 시장은 통제할 수 없지만, '내가 움직일 구조'는 설계할 수 있다.

∙ 익절이란 감정을 이기는 기술이 아니라, 구조가 감정을 이기게 하는 시스템의 힘이다.

제4장

투자를 위한 주역 공부

"형통할 때에는 겸손하고,
위기 앞에서는 물러날 줄 알아야 한다."(亨則謙, 窮則退也)
-『주역』중「겸괘」와「둔괘」해석에서

우리가 시장에서 반복해서 던지는 질문은 언제나 단순한 것처럼 보입니다. "지금 사야 하나요?", "조금 더 기다려야 할까요?", "어디서 팔아야 할까요?" 그러나 이 질문들의 본질은 하나로 수렴합니다. 바로, "지금 시장은 어떤 흐름에 놓여 있는가?"라는 물음입니다.

이 흐름을 예측하려는 시도는 대부분 실패로 귀결됩니다. 시장은 우리가 통제할 수 없는 방향으로 움직이며, 감정, 뉴스, 수급, 금리, 기대와 실망의 파도 속에서 끊임없이 변화하기 때문입니다. 이러한 변화의 리듬을 해석할 수 있다면, 우리는 더 이상 '예측'이라는 덫에 걸리지 않게 됩니다. 대신, 우리는 '준비된 대응'을 할 수 있게 됩니다. 이러한 대비의 철학을 가능하게 해주는 고전이 바로 『주역』입니다.

『주역』은 수천 년간 동양의 지혜로 전해 내려온 고전으로, 단순한 점술서가 아닙니다. 그것은 세상의 모든 변화를 설명하는 지혜의 지도이며, 우리가 살아가는 동안 겪는 수많은 상황과 현상들이 어떤 흐름과 구조로 변하는지를 통찰하게 해주는 철학의 정수입니다.

구분	내용
괘(卦)	음과 양 조합으로 이루어진 64개 상징 구조

효(爻)	하나의 괘는 6개의 효로 구성 (초효~ 상효)
상징	하괘 = 내면, 상괘 = 외면 (자기 vs 환경)
변화 원리	모든 사물은 음양의 조화를 통해 변화함
용도	변화의 방향, 시기, 균형을 판단하는 인문학적 나침반

〈주역의 구조 요약〉

주역은 복잡해 보이지만, 그 시작은 지극히 단순한 두 가지 기본 선에서 출발합니다. 모든 것을 창조하고 나아가는 기운인 '양효(陽爻) ━'는 끊어지지 않은 하나의 선으로, 밝고 강하며 움직이는 것을 상징합니다. 반대로 모든 것을 받아들이고 순응하며 정지하는 기운인 '음효(陰爻) ╌'는 끊어진 두 개의 선으로, 어둡고 부드러우며 정지해 있는 것을 나타냅니다.

이 두 가지 기본 선이 마치 레고 블록처럼 3개씩 겹쳐지면서 '8개의 기본 괘(八卦, 팔괘)'가 만들어집니다. 이 팔괘는 세상의 여덟 가지 근본적인 현상을 상징하며, 주역을 이해하는 데 있어 가장 중요한 첫걸음이자 기본 단위입니다.

다음은 팔괘가 상징하는 의미와 투자에 비춰볼 수 있는 간략한 통찰입니다.

(1) 건(乾) ☰ (하늘):양효 세 개가 겹쳐진 건괘는 하늘, 아버지, 그리고 모든 것의 시작이자 강력한 창조의 힘을 의미합니다. 마치 거침없이 뻗어 나가는 대세 상승장의 시작과 같이, 강하고 완전한 에너지를 내포합니다.

(2) 태(兌) ☱ (연못/기쁨):맨 위가 음효이고 아래 두 개가 양효인 태괘는 연못, 소녀, 그리고 기쁨과 소통을 상징합니다. 연못가에서 즐겁게 이야기 나누는 듯한 모습처럼, 시장에 활기가 돌고 투자자들의 심리가 낙관적으로 고조되는 상황을 나타낼 수 있습니다.

(3) 리(離) ☲ (불/태양):가운데만 음효이고 위아래가 양효인 이괘는 불, 태양, 그리고 밝음과 아름다움을 의미합니다. 활활 타오르는 불꽃처럼, 시장의 이슈가 뜨겁게 달아오르고 사람들의 이목이 집중되는 시기를 비유할 수 있습니다.

(4) 진(震) ☳ (우레/천둥):맨 아래만 양효이고 위 두 개가 음효인 진괘는 우레, 장남, 그리고 갑작스러운 움직임과 놀람, 강력한 시작의 에너지를 상징합니다. 마치 예상치 못한 급등이나 급락, 혹은 시장에 큰 변화를 가져오는 충격적인 사건처럼, 강력한 진동을 주는 시기를 나타냅니다.

(5) 손(巽) ☴ (바람/나무):맨 아래만 음효이고 위 두 개가 양효인 손괘는 바람, 장녀, 그리고 부드러운 침투와 확산을 의미합니다. 살랑살랑 부는 바람이 어디든 스며들듯, 시장에 새로운 트렌드가 서서히 퍼져나가며 변화를 일으키는 모습을 연상할 수 있습니다.

(6) 감(坎) ☵ (물/웅덩이):가운데만 양효이고 위아래가 음효인 감괘는 물, 중남, 그리고 위험, 어려움, 함정을 상징합니다. 깊은 웅덩이에 빠진 물처럼, 투자 과정에서 마주칠 수 있는 혼란과 난관을 의미하지만, 동시에 지혜롭게 흐름을 타고 헤쳐나가는 통찰을 요구하기도 합니다.

(7) 간(艮) ☶ (산/그침):맨 위만 양효이고 아래 두 개가 음효인 간괘는 산, 소남, 그리고 멈춤, 고요함, 안정을 의미합니다. 우뚝 솟은 산처럼 움직이지 않고 굳건히 서서 모든 것을 지켜보는 고요함은, 시장의 횡보 국면이나 투자 원칙을 지키며 잠시 숨을 고르는 시기를 나타냅니다.

(8) 곤(坤) ☷ (땅):음효 세 개가 겹쳐진 곤괘는 땅, 어머니, 그리고 부드러움과 수용, 포용을 상징합니다. 만물을 품어주는 넓은 땅처럼, 시장의 전반적인 하락기나 재정비를 통해 새로운 시작을 준비하는 침체기를 의미할 수 있습니다. 동시에 모든 것을 받아들이는 어머니의 마음처럼, 투

자에 있어 겸손하고 순종적인 자세를 일깨웁니다.

이 여덟 가지 기본 괘는 세상의 모든 현상을 상징하며, 이들을 조합함으로써 총 64가지의 '괘'가 만들어집니다. 이 64괘는 우리 삶과 투자의 모든 변화와 선택에 대한 심오한 지혜를 담고 있습니다. 팔괘가 자연의 여덟 가지 근본적인 현상을 나타낸다면, 64괘는 이 팔괘들이 서로 상하로 결합하여 만들어내는 더욱 복잡하고 미묘한 상황들을 상징합니다. 마치 날씨가 단순히 '맑음'이나 '비'로만 이루어지지 않고, '흐린 뒤 갬', '소나기', '뇌우' 등 다양한 형태로 나타나듯, 시장의 상황 또한 단순한 상승과 하락을 넘어선 복합적인 양상을 띨 때가 많습니다.

예를 들어, 剝(박, ䷖)은 주역 64괘 중 제23번째 괘로, 음효가 양효를 덮으며 점차 양의 기운이 깎여나가는 붕괴의 흐름을 상징합니다. 괘상은 음효 다섯 개 위에 양효 하나로 구성되어 있으며, 이는 약한 힘들이 점차 강한 본질을 침식해 들어가는 구조적 쇠퇴를 드러냅니다. 이 괘는 시장에서 지속적인 하락, 손실의 누적, 투자 심리의 붕괴와 같은 절망의 시기를 의미하며, 모든 것이 허물어지고 본질만이 남는 정리의 구간에 해당합니다. 이때 투자자는 억지로 버티거나 무리한 대응보다는, 절제와 침묵 속에서 중심을 다지는 태도가 요구됩니다. 이때는 억지로 버티기보다는 손절이나 휴식을 고려하며 내면을 정돈하는 시기입니다. 그러나 剝(박)다음에는 주역 64괘 중 제24번째 괘, 復(복,☷)이라는 괘가 옵니다. 복은 '돌아올 복(復)' 자를 써서, 잃었던 기운이 다시 돌아오기 시작하는 전환의 시작점을 상징합니다. 괘상은 아래에 양효 하나, 그 위로 음효 다섯 개로 구성되어 있으며, 이는 극점까지 내려간 음의 흐름 속에 양의 기운이 처음으로 다시 떠오르는 순간을 나타냅니다. 시장의 흐름으로 해석하면, 복괘는 지속적인 하락이 멈추고, 초기 반등의 조짐이 나타나는 시기를 의미합니다. 거래량이 서서히 살아나고, 투자심리는 여전히 위축되어 있지만, 소수의 매수세가 시장에 다시 진입하기 시작하는 구간입니다. 이는 단기적인 기술적 반등이 아니라, 장기 순환 사이클 속에서 '회복의 씨앗'이 뿌려지는 시기로 볼 수 있습니다.

이처럼 복괘는 단순한 회복이 아닌, 무너짐 이후 최초로 감지되는 재생의 기운이며, 투자자에게는 조심스럽지만 적극적인 관찰과 준비가 요구되는 전환점입니다. 복은 음의 기운이 극점에 이른 뒤 양의 기운이 다시 싹트기 시작하는 전환의 시작점입니다. 시장에서는 초기 거래량 증가, 저점

탈피의 조짐, 심리적 회복의 흐름이 보이기 시작하는 구간입니다.

泰(태, ䷊)는 기운이 상하로 순환하며 조화와 번영을 이루는 시기를 의미합니다. *泰(태)는 주역 64괘 중 제11번째 괘로, 상괘는 坤(곤, ☷)- 땅, 하괘는 乾(건, ☰)- 하늘로 구성되어 있습니다. 이 괘의 구성은 무거운 기운이 아래에, 가벼운 기운이 위에 자리한 상태로, 음과 양의 기운이 서로 순조롭게 소통하며 균형을 이루는 완전한 조화의 상태를 상징합니다. 즉, 태괘는 기운이 상하로 순환하며 조화와 번영을 이루는 시기를 의미합니다. 시장 흐름으로는 수급 구조가 안정되고 상승세가 구조적으로 지속되는 강세장 국면에 해당합니다. 투자자 심리는 비교적 낙관적이고, 거래량과 주가가 함께 건강하게 상승하며, 실적·뉴스·정책 등 핵심 요인들도 긍정적인 방향으로 정렬됩니다. 이 시기에는 단기적인 기대가 아닌, 중장기적 안목에서의 확신 있는 투자가 가능한 타이밍이며, 비교적 강한 자신감을 바탕으로 실질적인 수익을 실현할 수 있는 구간입니다.

姤(구, ䷫)는 예기치 못한 만남과 변화의 출현을 뜻합니다. 姤(구)는 주역 64괘 중 제44번째 괘로, '만날 구(姤)' 자를 써서 예기치 못한 만남과 변화의 출현을 뜻합니다. 괘상은 상괘가 乾(☰, 하늘) 세 개의 양효로 구성되고, 하괘가 巽(☴, 바람) 음효 두 개 위에 양효 하나로 구성됩니다. 이 구조는 강한 양의 기운이 갑작스레 등장하여 기존의 흐름을 뚫고 올라오는 형상을 보여주며, 이는 예상치 못한 개입, 돌발적인 사건, 새로운 국면의 돌입을 상징합니다. 시장에서는 구괘의 흐름이 다음과 같은 양상으로 나타날 수 있습니다. 그동안 침체되어 있던 흐름 속에서 갑작스럽게 거래량이 터지고, 기술적 반전의 조짐이 보이며, 보이지 않던 세력이 조용히 매집을 시작하거나 정책 혹은 뉴스로 인한 급격한 반전의 기운이 감지됩니다. 이러한 시기는 투자자에게 "무언가 시작되고 있다"는 직관적 신호로 다가올 수 있으며, 준비된 자만이 그 기회를 포착할 수 있는 전환점이 됩니다. 이는 거래량 급증, 새로운 세력의 진입, 기술적 반전의 초기 조짐처럼 시장에 결정적인 전환점이 나타나는 시기입니다. 이때 투자자는 직감적으로 "무언가 시작되고 있다"는 신호를 감지할 수 있어야 합니다.

　이러한 괘들은 단지 운명을 예측하는 기호가 아니라, 지금 시장의 흐름이 어떤 국면에 있으며 어떤 방향으로 전환될 수 있는지를 해석하는 지도입니다. 『주역』은 결과를 말하지 않습니다. 대신, '지금'이라는 순간을 어떻게 해석할 것인가에 대한 철학을 제시합니다.

『주역』과 Q4-STEP 전략은 상호보완적인 관계에 있습니다. Q4-STEP은 판단을 구조화하고 감정을 제거하기 위해 1차부터 4차까지의 분할 매수와 +7.7% 익절이라는 시스템을 따릅니다. 이는 감정에 흔들리지 않고 반복 가능한 수익 구조를 만들기 위한 전략입니다. 반면 『주역』은 시장의 흐름을 해석하는 리듬의 지도입니다. Q4-STEP이 '어떻게 움직일 것인가'를 보여준다면, 주역은 '지금 어디에 와 있는가'를 알려줍니다.

하워드 막스는 말합니다. "시장을 이기는 자는 타이밍을 맞추는 자가 아니라, 변화의 구조를 인식하고 대응하는 자다." 이 말은 『주역』과 Q4-STEP이 만나는 철학적 접점입니다. 우리는 시계를 보고 하루를 준비하고, 기상 예보를 보고 우산을 챙깁니다. 그렇다면 시장이라는 거대한 변화의 공간에서는 무엇을 보고 대비해야 할까요? 그 해답은 바로 『주역』이라는 지도에 있습니다. 이 지도는 미래를 예언하지 않습니다. 그러나 지금의 흐름을 읽고, 다가올 가능성에 대비하는 법을 알려줍니다.

Q4-STEP이 전략적 구조라면, 『주역』은 그 전략이 올라탈 파동의 리듬입니다. 우리는 이제 감정으로 투자하지 않

습니다. 우리는 흐름을 해석합니다. 그리고 흐름을 이해한 자만이, 흔들리지 않는 중심을 가질 수 있습니다. 그 중심 위에 전략을 세우고, 그 전략 속에 철학이 스며들 때, 투자는 단순한 기술이 아니라 삶의 방식이 됩니다.

이처럼 64괘는 단순히 미래를 예측하는 도구가 아니라, 현재 우리가 처한 투자의 상황을 정확히 진단하고, 그에 맞는 최적의 대응 전략을 세우는 데 필요한 통찰을 제공합니다. 시장의 변화 속에서 흔들리지 않고 자신만의 원칙을 지키며 현명한 투자를 이어가는 데, 주역의 지혜가 강력한 나침반이 되어줄 것입니다.

Key message

....

- 시장은 결국 흐름이며, 흐름은 변화의 패턴을 따른다.

- 주역은 단순히 운을 보는 도구가 아니라, '운의 구조'를 읽는 언어다.

- 주역을 공부하는 것은 시장에 대한 직관을 개발하는 과정이며, '경험 + 고전 + 통찰'의 시너지를 만들어낸다.

제5장

나의 전략과 주역의 만남

"훌륭한 투자는 복잡하지 않다.
꾸준히 지키는 것이 어려울 뿐이다."

- 찰리 멍거

투자에는 반드시 전략이 필요합니다. 하지만 전략만으로는 충분하지 않습니다. 우리는 종종 전략이 잘 작동하지 않는 순간을 경험합니다. 그 이유는 간단합니다. 시장은 살아 있는 생명체처럼 끊임없이 움직이고 흐르기 때문입니다. 어떤 전략도 흐름을 읽지 못하면 정지된 도식에 불과해집니다. 전략은 구조를 만들어줍니다. 매수와 매도의 기준을 설정해주고, 감정을 배제하며 반복 가능한 원칙을 세워줍니다. 그러나 흐름을 읽지 못하면 그 구조는 방향을 잃고, 의도한 시점에 실행되지 않으며, 기회는 미끄러지듯 지나갑니다. 반대로 흐름만 알고 전략이 없다면, 결정은 늘 늦고 실행은 뒤따르며, 결국 기회는 포착되지 못한 채 사라집니다. 그래서 저는 이렇게 말씀드립니다. "구조 위에 흐름을 입히는 것, 그것이 투자의 완성입니다."

Q4-STEP은 실전 매매를 위한 구조화된 전략입니다. 거래량의 변화, 가격의 구간 설정, 매수의 타이밍, 비중의 조절 등 투자 과정에서 감정을 배제하고 반복 가능한 기준을 만들어주는 시스템입니다. 이 시스템은 투자자가 심리적으로 흔들리는 상황에서도 냉정함을 유지할 수 있도록 도와줍니다.

하지만 아무리 잘 설계된 전략이라도 시장 전체의 큰 흐름을 읽지 못한다면 그 효율은 떨어지고, 매매는 늦어지며, 가장 중요한 기회는 스쳐 지나갑니다. 그런 순간에 필요한 것이 바로, 내면의 리듬을 읽어내는 감각입니다.

그 감각을 회복하게 해주는 도구가 바로 주역(周易)입니다. 주역은 단순한 점술이 아닙니다. 지금 우리가 서 있는 시장의 시점이 어떤 흐름 속에 있으며, 왜 그런 흐름이 전개되고 있는지를 해석해주는 철학의 언어입니다.

Q4-STEP이 '무엇을' 할 것인가, '어떻게' 할 것인가를 설계해준다면, 주역은 '왜' 그리고 '언제' 그렇게 해야 하는지를 알려줍니다. 전략이 외부의 질서라면, 주역은 내면의 중심입니다. 이 두 가지가 함께할 때, 투자자는 비로소 시장의 외부 혼란에도 흔들리지 않고 중심을 지킬 수 있게 됩니다.

Q4-STEP의 네 단계 계좌 분산 구조는 단순한 기술적 설계가 아닙니다. 이 구조는 주역의 육효 구조, 즉 여섯 개의 음양이 만들어내는 흐름과도 닮아 있습니다. 1차 매수는 시작이며, 2차는 시험입니다. 3차는 갈등과 흔들림의 구간

이고, 4차는 전환의 기회입니다. 이 흐름은 주역에서 하괘에서 상괘로 넘어가는 전환의 철학과도 연결됩니다.

구조는 언제나 흐름 속에서만 살아 있습니다. 구조 없는 흐름은 방향을 잃고, 흐름 없는 구조는 기회를 놓칩니다. 그래서 Q4-STEP과 주역은 시너지를 냅니다. Q4-STEP이 몸이라면 주역은 정신입니다. Q4-STEP이 뼈대라면 주역은 감각입니다. 전략은 행동을 설계하지만, 철학은 그 행동이 지속 가능하도록 만들어줍니다.

주역은 지금 시장이 어떤 국면에 와 있는지를 말해줍니다. 아래는 Q4-STEP의 흐름과 맞물려 해석할 수 있는 주요 괘에 대한 설명입니다.

※ 괘별 시장 흐름

- 姤(구 ☰) : 새로운 기운의 첫 등장. 갑작스러운 거래량 증가, 숨어 있던 세력의 등장. Q4-STEP 1차 매수 구간.
- 剝(박 ☶) : 깎이고 무너지는 시기. 시장의 급락, 손실 심화. Q4-STEP 2~3차 매수 타이밍.
- 復(복 ☷) : 회복의 시작. 바닥 통과 후 거래량 증가,

심리 회복. Q4-STEP 4차 매수 또는 익절 가능성. 바닥을 침. 턴어라운드.

• 泰(태 ䷊) : 상승의 본격화. 구조적 상승, 수익 실현 구간. Q4-STEP 반복 진입 혹은 분할 익절 구간.

• 否(비 ䷋) : 정체와 과열의 조정. 상승 둔화, 방향성 상실. Q4-STEP 진입 중단, 관망 구간.

Q4-STEP 단계	괘(卦)	해석 요약
1차 매수	44괘 姤(구)	새로운 기운, 첫 진입의 순간
2차 매수	23괘 剝(박)	하락의 심화, 구조 붕괴
3차 매수	23괘 剝(박)	불안정한 심리, 반복 조정
4차 매수	24괘 復(복)	회복의 초기, 기운이 되돌아옴
익절(+7.7%)	24괘 復(복) 11괘 泰(태)	회복 또는 상승 국면, 수익 실현 가능

반복 진입 or 휴식	11괘 泰(태) 12괘 否(비)	본격 상승 또는 과열의 전환, 전략적 판단 요구

〈Q4-STEP과 괘 흐름 매핑 도표〉

이처럼 주역은 시장이 어디쯤 와 있는지를 알려주고, Q4-STEP은 그 국면에서 구체적으로 무엇을 해야 하는지를 설계해줍니다. 해석과 실행이 하나로 연결될 때, 전략은 생명력을 갖게 됩니다. 아래는 위의 각 괘에 대한 구체적 설명과 의미를 나타내었습니다.

괘(卦)	괘 번호	정식 명칭 (한자/한글)	의미 요약
姤(구)	제44괘	☰ 천풍구 - 하괘 乾(건), 상괘 巽(손)	뜻밖의 만남, 갑작스러운 변화와 첫 진입
剝(박)	제23괘	☶ 산지박 - 하괘 坤(곤), 상괘 艮(간)	깎임과 해체, 약화되는 구조, 하락의 심화
復(복)	제24괘	☷ 지뢰복 - 하괘 震(진), 상괘 坤(곤)	돌아옴, 회복의 시작, 재기의 흐름
泰(태)	제11괘	☷ 지천태 - 하괘 乾(건), 상괘 坤(곤)	평화, 순환과 조화, 본격 상승 구간
否(비)	제12괘	☰ 천지비 - 하괘 坤(곤), 상괘 乾(건)	불통, 막힘, 상승의 정점 혹은 과열 구간

< 괘의 이해 도표 (부록64괘 괘상표 참고) >

시장에서 실패하는 이유는 단순히 정보 부족이나 전략 미비 때문이 아닙니다. 오히려 내면의 흔들림 때문입니다. 전략이 있음에도 조급해지고, 흐름을 오독하며, 감정에 휘둘리는 경우가 많습니다. 그럴 때 주역의 괘는 조용히 이렇게 속삭입니다.

"지금의 조급함은 剝입니다. 기다리십시오." "지금의 변화는 復입니다. 기회를 받아들이십시오." "지금의 과열은 咸입니다. 한 발 물러서십시오." "지금의 순환은 泰입니다. 수확의 시간입니다." "지금의 신호는 姤입니다. 첫 진입을 준비하십시오."

이러한 문장은 투자자의 감정을 정리해주고, 전략을 다시 원칙 위에 세울 수 있도록 도와줍니다. 이것은 단순히 매수가격을 맞춘 사례가 아닙니다. 흐름을 읽고, 구조화된 전략으로 대응한 완성된 투자 행위였습니다. 워런 버핏은 말했습니다. "훌륭한 투자자는 지식보다 기질이 중요하다." 기질은 훈련으로 다듬어지고, 철학으로 유지됩니다.

우리는 지금 단지 수익을 위한 기술을 배우고 있는 것이 아닙니다. 우리는 흐름 위에 나 자신을 세우는 기술을 배우고 있는 것입니다. Q4-STEP은 잘 설계된 구조이며, 주역은 그 구조에 감각과 해석을 더합니다. 전략은 반복을 가능하게 하고, 철학은 반복 속에서도 중심을 지킬 수 있도록 도와줍니다.

구조 위에 흐름이 입혀질 때, 투자는 단순한 기술이 아니라 삶의 태도가 됩니다. 그리고 그 태도가 쌓여갈 때, 투자자는 흔들리지 않는 운의 흐름 속으로 들어가게 됩니다.

Key message

....

- 우리는 주가를 맞히는 것이 아니라, 흐름을 해석하고 준비하는 사람이다.

- 고전은 시장을 예측하는 도구가 아니라, 내가 어떤 태도로 시장에 응할지를 정립해주는 기준이다.

- 주역이란, 투자자에게 '의식적 타이밍'을 부여하는 프레임이다.

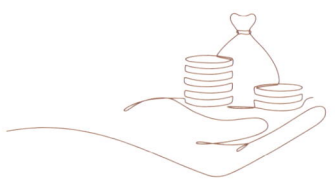

제6장

전략의 실전 사례

"투자의 승리는 타이밍이 아니라 태도에서 비롯된다."

- 모건 하우절 (Morgan Housel)

전략은 언제나 이론으로 출발하지만, 그 이론이 실제 시장에서 반복적으로 검증되지 않는다면 아무런 의미를 갖지 못합니다. 반대로, 철학은 방향성을 제시할 수 있으나, 그것이 구체적인 전략과 실행으로 이어지지 않는다면 결국 공허한 선언에 불과합니다.

투자라는 세계는 예측 불가능한 수많은 변수 속에서 작동하며, 이 속에서 살아남기 위해서는 단지 좋은 전략이나 높은 통찰력 중 하나만으로는 부족합니다. 두 요소가 동시에 작동할 때, 비로소 생존 가능한 구조가 형성됩니다.

Q4-STEP과 주역의 통합은 단순한 시스템 설계를 넘어, 철학과 전략이 함께 호흡하는 구조적 사유의 결과입니다. 이 장에서는 실제 매매 사례를 통해 이 구조가 현실의 시장 속에서 어떻게 작동했는지를 구체적으로 보여드리고자 합니다. 우리가 투자를 하면서 마주하게 되는 모든 선택의 순간들, 언제 진입할 것인가, 어떤 흐름 위에서 매수할 것인가, 몇 퍼센트 수익에서 익절할 것인가, 손실이 났을 때 어떻게 대응할 것인가? 이러한 질문들에 우리는 늘 전략적 판단을 요구받습니다.

그러나 진정한 전략은 매뉴얼의 암기가 아니라, 반복 가능한 구조의 체득이며, 흔들림 없는 기준을 내면에 갖추는 일입니다. 그리고 그 기준이 바로 철학입니다. 철학은 행동의 배경이며, 전략이 일관성을 갖고 지속적으로 반복될 수 있게 하는 정신적 프레임입니다.

실전 사례는 이 철학이 전략을 통해 구체적으로 어떻게 행동화되는지를 확인하는 장면입니다. 다시 말해, 전략이 단기적으로 어떤 수익을 만들었는가보다는, 그 전략이 철학적 기반 위에서 얼마나 일관되게 유지되고 있었는가를 확인하는 과정이기도 합니다.

Q4-STEP 시스템은 감정을 제거하고 구조적 매수와 자동화된 익절을 통해 반복 가능한 수익 흐름을 설계합니다. 하지만 이 전략이 진정한 생명력을 갖기 위해서는 시장의 리듬과 흐름을 해석할 수 있는 철학적 해석이 병행되어야 합니다. 바로 그 해석의 도구가 주역입니다. 주역은 상승과 하락, 수축과 확장의 흐름을 음양의 원리로 해석하며, 시장이 지금 어느 구간에 놓여 있는지를 판단하게 해줍니다.

예를 들어, 시장이 剝(박)의 흐름에 놓여 있다면 이는 구조가 무너지고 있는 국면이며, 이때는 공격적 매수보다 보수적 관망이 필요한 시점입니다. 반면, 復(복)의 기운이 감지되기 시작하면 이는 하락의 끝에서 다시 상승의 씨앗이 움트기 시작하는 시기이며, Q4-STEP의 1차 매수 전략이 작동될 수 있는 조건입니다. 泰(태)의 괘에서는 시장의 구조적 안정과 조화로운 상승이 나타나며, 이는 포지션 확대와 전략적 수익 실현의 타이밍이 됩니다.

이처럼 Q4-STEP 전략은 행동의 체계이고, 주역은 흐름의 해석입니다. 하나는 '어떻게 움직일 것인가'를 말하고, 다른 하나는 '지금 어디쯤 와 있는가'를 알려줍니다. 이 둘이 만날 때, 전략은 시장에서 더 이상 흔들리는 반응이 아니라, 준비된 대응으로 전환됩니다.

Q4-STEP의 구조가 실제 시장에서 어떤 흐름을 만들었는지, 그리고 주역의 해석이 어떻게 매수와 매도의 기준이 되었는지를 우리는 사례를 통해 확인할 수 있습니다. 이를 통해 우리는 단순한 추상 개념이 아니라, 시장이라는 변화무쌍한 현실 속에서 실제로 작동하는 전략과 철학의 균형이 어떻게 구현되는지를 직접적으로 체감하게 됩니다. 전략이 철학을 입고 실행될 때, 그리고 철학이 전략 속에서 살아 숨 쉴 때, 투자는 기술을 넘어 삶의 태도가 됩니다.

사례 ① 토마토시스템 - 흐름의 정확한 파악

1차 매수: 2025년 3월 18일, 6670원 매수. 거래량 급증을 확인하고 Q4-STEP 기준에 따라 1차 매수 진행. 이 시점의 괘는 姤(구) — '뜻밖의 만남'을 상징하며, 돌발적 기회를 포착하는 시점으로 판단됩니다.

2차 매수: 2025년 3월 28일, 5870원 매수. 1차 매수 대비 약 -12% 하락한 지점에서 2차 진입. 해당 구간의 괘는 剝(박) — '깎이고 무너지는 시기'로, 구조적 약세 흐름의 끝자락을 나타냅니다.

3차 매수: 2025년 3월 31일, 5160원 매수. 이후 반등의 조짐이 나타났고, 주역적으로는 復(복) — '돌아옴'을 뜻하는 괘가 포착됨. 이는 낙폭 이후 에너지 회복과 재진입 가능성을 시사합니다. 해당 신호에 따라 3차 매수 진행.

익절: 전체 평균 매수가 대비 +7.7% 상승 도달 시, 시스템상 자동 매도. 실현 수익 확보.

이 사례는 Q4-STEP 전략의 기본 구조가 주역 괘의 흐름과 거의 완벽하게 일치한 케이스입니다. 각 타이밍에서의 괘 해석이 실제 시장 흐름과 정확히 들어맞았고, 전략적 대응도 그 해석 위에서 움직였습니다. 결과적으로, 철학적 분석(주역)과 전략적 시스템(Q4-STEP)이 높은 수준에서 조화를 이루며, 실전에서 효과적으로 작동한 전형적인 예시입니다.

사례 ② 지니언스 - 흐름 속 전략적 균형

1차 매수: 2025년 4월 4일, 14250원 매수. 매수 타이밍을 Q4-STEP 1차 매수 기준 충족. 이 시점의 괘는 姤(구) — 돌발적 기회의 출현, 예상치 못한 만남과 움직임의 시작을 의미.

2차 매수: 2025년 4월 9일, 12540원 매수. 이 시점의 괘는 剝(박) — 껍질이 벗겨지고 약세가 드러나는 구간. 시장의 심리적 압력이 커지는 타이밍으로, 전략적 인내가 요구됨.

보유 기간: 復(복) 괘 출현. '되돌아옴'이라는 의미 그대로, 바닥 이후의 회복 흐름을 예고하는 구간. 감정적으로는 손절하고 싶은 유혹이 강했으나, 주역 괘의 해석과 Q4-STEP 구조가 대응 기준을 명확히 잡아줌.

익절: 復(복)의 흐름 속에서 가격이 반등. 각 매수 계좌에서 +7.7% 상승 도달 시 자동 매도. 시스템상 목표 수익 실현.

이 사례는 하락 구간에서의 심리적 압박을 철학과 구조가 함께 지탱해 준 케이스입니다. 단순히 수익을 낸 사례라기보다는, 의사결정의 기준이 명확할 때 어떤 상황에서도 흔들리지 않을 수 있다는 것을 보여줍니다.

Q4-STEP 시스템은 가격 중심의 전략이지만, 주역 괘의 흐름이 방향을 읽는 데 중요한 참조점이 됩니다. 지니언스의 경우처럼, 괘 해석이 감정적인 판단을 막아주는 심리적 버팀목 역할을 할 수 있음을 확인한 사례입니다.

사례 ③ DSC인베스트먼트 - 복(復)과 태(泰)의 전환

1차 매수: 2025년 2월 28일, 5620원 매수. 거래량 급등을 감지하고 Q4-STEP 기준에 따라 1차 진입. 이 시점의 괘는 姤(구) — 새로운 움직임과 예기치 않은 기회의 도래를 상징.

2차 매수: 2025년 3월 4일, 4940원 매수. 이후 주가가 조정 국면에 진입. 하락세가 이어지며 剝(박) 괘 흐름으로 전환됨. 이는 약세 구조와 불안정한 시장 심리를 의미함. 2차매수 이후 3월 6일 자동익절. 3월 13일 다시 2차매수 이후 3월 14일 다시 7.7% 자동 익절.

2차 재매수: 2025년 3월 24일, 4940원 매수. 하락이 진정되며 반등의 초기 징후 포착. 이 시점의 괘는 復(복) — '돌아옴', '회복'을 뜻하며 에너지 전환의 시작을 암시. 구조적으로 3차 매수 실행.

3차 매수 및 상승 전환: 2025년 3월 27일, 4340원 매수. 추가 매수를 마친 후, 흐름이 본격적인 반등세로 전환됨. 괘의 흐름은 *泰(태)*로 이어짐 — '소통'과 '확장'을 상징하는 시기로, 상하 간의 기운이 원활히 통하며 상승 흐름이 강화됨.

익절: 총 5회 익절로 각 차수 매수가에서 +7.7% 도달 시 자동 매도. Q4-STEP 시스템에 따라 수익 실현 완료.

이 사례는 주역의 괘 흐름과 Q4-STEP 구조가 거의 완벽하게 일치한 경우로, 각 단계에서의 판단 기준이 명확히 작동했을 때 얼마나 안정적이고 예측 가능한 대응이 가능한지를 보여줍니다. 특히 復에서 泰로의 흐름 전환은, 단순한 반등이 아닌 구조적 회복을 의미하며, '흐름의 질적 변화'를 감지하는 주역의 해석이 전략적 타이밍을 보완해 준 대표적 사례라 할 수 있습니다.

실전 사례는 단순히 성과를 보여주는 수치의 나열이 아닙니다. 그 안에는 전략이 실제 시장의 흐름과 어떻게 상호작용했는지, 원칙이 어떻게 선택과 인내의 기준이 되었는지, 명확하게 드러나 있습니다.

시장은 끊임없이 변화합니다. 이 변화 속에서 우리는 언제나 불확실성과 마주합니다. 하지만 중요한 것은 그 불확실함을 어떻게 해석하느냐입니다. Q4-STEP은 이러한 시장의 흐름을 구조화하여 대응력을 높이는 전략입니다. 그리고 주역은 그 구조 위에 의미와 방향을 더해주는 해석의 틀입니다.

이 두 가지가 결합될 때 우리는 단지 '가격'이 아니라 '흐름'을 읽게 되고, 단순한 반응이 아니라 '선제적 대응'을 할 수 있게 됩니다. 이것이 실전에서 원칙이 작동하는 방식이며, 전략이 살아 움직이는 구조입니다.

주역의 괘는 시장을 바라보는 눈을 바꿔줍니다. Q4-STEP의 구조는 대응을 두려움이 아닌 반복 가능한 절차로 바꿔줍니다. 이 둘이 함께 작동할 때, 투자자는 감정에 휘둘리지 않게 되고, 혼란 속에서도 자신의 기준을 지킬 수 있게 됩니다.

시장은 단순한 수익의 장이 아니라, 끊임없이 인간의 심리를 시험하는 공간입니다. 그러므로 이 흐름을 통제하려 하지 말고, 해석할 수 있어야 합니다. 흐름을 읽는 자는 두려움을 넘어설 수 있습니다.

그리고 중요한 사실이 하나 있습니다. 흐름을 해석할 수 있는 자만이, 결국 운을 자기 편으로 만들 수 있습니다. 그 운은 우연이 아니라, 준비된 자의 선택이며, 시스템 위에 철학을 얹은 사람만이 가질 수 있는 자격입니다. Q4-STEP과 주역은 바로 그 준비를 가능하게 하는 도구입니다. 시장을 두려움의 공간이 아니라, 해석 가능한 흐름으로 바꾸는 구조입니다. 그리고 그것을 반복할 수 있게 만드는 기준입니다.

이 책이 말하고자 하는 핵심은 단 하나입니다. 흐름 위에 구조를 세우고, 구조 위에 철학을 얹는 것. 그것이 시장을 이기려 하지 않고, 시장과 함께 걷는 유일한 길입니다.

Key message

······························

- 이론은 시장에서 살아 숨쉬는 흐름과 만나야 비로소 완성된다.

- 투자는 데이터를 맞히는 것이 아니라, 흐름 속에 자신의 철학을 구조화하는 일이다.

- Q4-STEP과 주역의 결합은 실제 시장에서도 감정 없이 반복 가능한 전략으로 작동함을 보여준다.

제7장

당신의 포트폴리오는 철학이다
- 섹터 분산과 내면의 질서

"진정한 투자자는 좋은 기회를 기다릴 줄 안다.
그리고 그 기회가 왔을 때, 모든 걸 걸 수 있어야 한다."

-찰리 멍거

투자는 결국 사람이 하는 일입니다. 아무리 정교한 전략이나 강력한 시스템이 있어도, 그것을 운용하는 사람이 흔들리면 결국 성과도 무너집니다. 그래서 투자의 출발점은 외부 시장이 아니라, 나 자신의 내면 구조를 들여다보는 데서 시작되어야 합니다. 나의 사고방식, 감정, 신념, 판단 기준은 그대로 포트폴리오에 반영되며, 그것이 곧 내 투자의 얼굴이 됩니다.

Q4-STEP은 단순히 종목을 고르고 매수 타이밍을 잡는 전략이 아닙니다. 이 시스템은 투자자의 생각과 행동, 감정의 흐름까지 구조화하는 투자 철학이자, 실천 방법입니다. 특히 Q4-STEP은 동일 섹터나 업종에서 여러 종목을 고르지 않습니다. 오직 하나의 종목만을 선택합니다. 이는 단순한 기술적 리스크 분산을 넘어, 선택을 절제하고 책임지는 철학적 자세에서 비롯된 원칙입니다.

대부분의 투자자들은 마음의 불안을 줄이기 위해 비슷한 업종의 종목 여러 개를 포트폴리오에 담습니다. 이렇게 하면 다양성이라는 이름으로 불확실성을 나누는 듯한 착각을 하게 되죠. 그러나 Q4-STEP 전략은 이런 무분별한 분산보다, 자신이 온전히 이해하고 통제할 수 있는 단 하나의 기회를 선택해 집중하는 태도를 강조합니다. "기회는 많지만, 내가 탈 수 있는 파도는 오직 하나뿐이다."라는 말은, 수많은 가능성 속에서 진짜 내 것이 무엇인지 아는 통찰에서 비롯됩니다.

집중은 두렵습니다. 단 하나를 선택하고 그 선택을 온전히 책임지는 일은 용기를 필요로 합니다. 판단력, 인내심, 자기 통제력이 모두 요구되죠. 하지만 바로 그 집중이야말로 투자자의 본질적 자질입니다. 워런 버핏도 이렇게 말했습니다. "다양화는 무지를 감추는 수단일 뿐이다. 자신이 무엇을 하고 있는지 안다면, 집중하라."

Q4-STEP 포트폴리오의 최대 보유 종목은 열두 개입니다. 이 열두 종목은 단순히 수익 가능성을 담은 리스트가 아니라, 투자자의 신념과 철학, 세상을 보는 관점을 담은 구조입니다. 각 종목은 단순한 코드가 아니라, 그 투자자가 어떻게 세상을 해석하고 어떤 기준으로 판단하고 있는지를 보여주는 상징입니다. 그리고 이 열두 종목은 네 개의 계좌에 분산되어 단계적으로 매수되고 운용됩니다. 이는 단순한 자산 배분이 아니라, 사방(四方)으로 힘의 균형을 맞춘 구조적 설계입니다. 흔들리지 않기 위한 자기 질서의 구조이자, 철학이 녹아든 시스템입니다.

이 시스템 안에는 한 가지 분명한 태도가 담겨 있습니다. 바로 '선택에 대한 책임'입니다. 다양한 섹터에 종목을 나열한다고 해서 진짜 리스크가 분산되는 것은 아닙니다. 오히려 자기 신념 없이 그저 상승 할 것 같은 느낌의 종목들을 매수하여 포트를 늘려가는 것은 무질서한 탐색일 뿐이며, 본질적으로는 불안과 두려움의 표현일 수 있습니다. 진정한 분산은 우연한 다변화가 아니라, 철저하게 구조화된 집중에서 나옵니다.

포트폴리오는 투자자의 내면을 가장 정직하게 보여주는 지도입니다. 내가 어떤 종목을 선택했는가 하는 것은, 내가 어떤 세상을 바라보고 어떤 미래를 믿고 있는지를 드러냅니다. 단기적인 수익을 넘어, "왜 이 종목을 선택했는가"에 대해 깊이 있는 자기 기준으로 해석할 수 있어야 그 포트폴리오는 진짜 내 것이라 할 수 있습니다.

투자는 결국 반복적인 의사결정의 연속입니다. 이 반복이 일관되지 않으면 투자자는 흔들리게 되고, 감정에 따라 포트폴리오는 무너지게 됩니다. 반대로 자기 기준과 철학이 분명한 사람은 몇 개의 종목만으로도 질서 정연한 시스템을 만들 수 있습니다. 레이 달리오도 이렇게 말했습니다. "포트폴리오는 당신이 세상을 바라보는 방식, 그 자체다."

리스크 관리 역시 단순한 수치 조정이나 손절 타이밍의 문제가 아닙니다. Q4-STEP은 손절을 기본 전략으로 삼지 않습니다. 대신 비중을 조절하고 시간을 분산함으로써 감정을 통제합니다. 이 방식은 기술적으로 보일 수 있지만, 실상은 자기 감정에 대한 구조화된 통제이며 자기 인식을 바탕으로 한 실전 전략입니다.

투자에서 가장 위험한 것은 외부 정보가 아니라 내면의 두려움과 욕망입니다. 좋은 투자자는 이 사이에서 균형을 잡을 수 있어야 합니다. 하워드 막스의 말처럼, "감정이 앞서면 투자에서는 끝이다."

포트폴리오가 무너지는 이유는 시장이 아니라, 그것을 운용하는 사람의 내면이 무너지기 때문입니다. 기준이 흐려지고, 철학이 약해질 때, 시스템도 함께 붕괴합니다. 그러므로 진정한 리스크 관리는 외부 환경보다 내면의 질서를 회복하는 데서 시작됩니다.

Q4-STEP을 실제로 운용해 보면, 이 단순해 보이는 전략이 얼마나 심리적으로 어려운지 금세 체감할 수 있습니다. 특히 주가가 하락하는 상황에서 3차, 4차 매수를 이어가는 일은 많은 투자자에게 큰 심리적 부담으로 다가옵니다. 계속 떨어지고 있는 종목에 돈을 더 넣는다는 결정은 정보만으로는 할 수 없습니다. 그 결정은 확고한 신념에서 나옵니다. 그래서 알앤에이 투자자문 대표이신 김정수 선생님은

"시간이 걸리더라도 소액으로 먼저 투자 연습을 오랜기간 해보고, 확신이 들면 본격적으로 큰 자금을 넣어서 투자를 하라"라고 조언을 해주십니다.

철학이 있는 투자자는 일시적인 하락 속에서도 그것이 구조적 반전의 준비 단계임을 이해합니다. 시장의 에너지가 눌려 있는 상태일 뿐, 방향성이 꺾인 것이 아님을 통찰합니다. 그래서 그 하락을 공포가 아닌 기회로 볼 수 있습니다. 중요한 것은 시장을 해석하는 힘이고, 그 힘의 기반은 철학과 내면의 질서입니다.

결국 투자에서 정보는 무기이고, 내면의 질서는 방향입니다. 두 가지가 함께 갖춰져야 비로소 흔들리지 않는 전략이 완성됩니다. 수십 개의 종목을 보유하고도 방향을 잃는 사람이 있는 반면, 단 열 종목으로도 시장의 흐름을 통찰하는 사람도 있습니다. 그 차이는 지식의 차이가 아니라, 질서의 차이입니다.

투자는 외부 세계와의 경쟁이 아닙니다. 그것은 자신의 내면 세계와의 조율입니다. Q4-STEP은 투자자의 성향과 인내, 절제력, 철학적 관점을 그대로 드러내는 구조입니다. 이 구조는 거울처럼 투자자의 내면을 비추며, 결국 다음과 같은 메시지를 전달합니다.

"당신의 포트폴리오는 곧 당신 자신이다."

이 문장을 진심으로 이해하는 순간, 투자는 더 이상 단순한 돈의 문제가 아닙니다. 그것은 자기 인식과 철학의 구현이며, 삶의 태도와 방향성을 반영하는 여정입니다. 그리고 그 여정에서 우리는 단지 시장을 이기려는 사람이 아니라, 스스로를 이기는 투자자로 성장하게 됩니다.

Key message

....

- 결국 당신의 투자 전략은, 당신이 어떤 삶을 살고 싶은지를 보여준다.

- 반복 가능한 시스템은 당신의 일관된 철학 없이는 작동하지 않는다.

- 돈은 숫자로 계산되지만, 의사결정은 철학으로 이루어진다.

제 2부
투자 심리편

제8장

투자자의 심리

"투자는 결국 자기 자신과의 싸움이다."
- 제시 리버모어"

주식 시장은 숫자의 전장처럼 보이지만, 실상은 감정의 투쟁터입니다. 정보와 분석은 누구에게나 열려 있지만, 그것을 실천으로 옮기는 순간부터 투자자의 심리 상태는 성패를 가릅니다. 감정은 수익의 적이며, 동시에 그 감정을 통제하는 힘은 투자자의 가장 강력한 무기입니다. 본 장에서는 투자자가 마주하는 심리적 함정들과 그것을 이겨내기 위한 구체적 전략을 다룹니다.

투자에서 가장 흔한 심리적 오류는 '확증편향', '손실회피', '군중심리', '과잉확신'입니다. 모건 하우절은 『돈의 심리학』에서 인간은 논리보다 감정으로 결정하는 존재이며, 대부분의 금융 실수는 정보 부족이 아니라 감정 조절 실패에서 비롯된다고 지적합니다. 그는 "당신이 시장을 얼마나 잘 이해하느냐보다, 공포와 욕망을 얼마나 잘 다스리느냐가 수익률을 결정한다"고 말합니다.

확증편향은 자신이 가진 생각을 뒷받침하는 정보만 받아들이는 경향이고, 손실회피는 같은 손실과 이익 중 손실에 더 크게 반응하는 인간의 본능입니다. 이 본능은 종종 손절을 망설이게 하고, 되려 손실을 키웁니다. 군중심리는 시장의 과열이나 공포에 휩쓸리게 하고, 과잉확신은 분석에 대한 믿음이 지나쳐 계획 외의 행동을 유발합니다.

시장에는 언제나 '공포와 탐욕'이라는 두 개의 거대한 기운이 흐릅니다. 공포는 하락장에서 손실을 두려워하며 이성을 마비시키고, 탐욕은 상승장에서 끝없는 수익을 추구하게 만듭니다. 문제는 이 두 감정이 항상 교차하며 나타난다는 점입니다. 피터 린치도 말했듯, "가장 나쁜 투자 결정은 두려움과 욕망에 휘둘릴 때 나온다"고 했습니다.

2021년 1월, 삼성전자는 96,800원까지 오르며 '10만 전자'라는 신조어를 만들어냈습니다. 당시 전국 증권사 창구에는 신규 계좌를 만들려는 사람들로 문전성시를 이루었고, 주식 관련 유튜브 채널과 뉴스 매체는 연일 삼성전자의 장밋빛 미래를 예측했습니다. 많은 투자자들은 '삼성전자만 사면 부자가 된다'는 확신에 가까운 믿음을 가졌고, 그 믿음은 개인 투자자의 대거 진입이라는 형태로 나타났습니다. 그러나 이후 삼성전자는 10만 원을 넘기지 못한 채 조정을 맞았고, 이 시기에 고점에 진입했던 투자자들은 2025년 지금까지도 회복되지 않는 손실을 감내하고 있습니다.

이는 대중 심리가 어떻게 시장 분위기를 과열시키고, 실제 주가 흐름과는 괴리를 만들어낼 수 있는지를 보여주는 대표적인 사례입니다.

2024년 말부터 2025년 1월까지, 비트코인은 역사상 최고가인 108,000달러를 돌파하며 세계 금융시장의 주목을 받았습니다. 특히 기관 투자자들과 ETF 승인 기대감이 겹치면서 비트코인에 대한 신뢰는 전례 없이 상승했고, 수많은 신규 진입자들이 "이번에는 다르다"는 믿음으로 고점에 매수에 뛰어들었습니다. 언론과 커뮤니티는 연일 '100만 달러 시대'를 외쳤고, 일부는 비트코인이 미래의 금이 될 것이라 주장하기도 했습니다. 그러나 곧이어 미국 정부의 매도 물량 출회, 규제 관련 뉴스, 기술적 과열 신호 등이 겹치며 가격은 급락했고, 단기간에 30% 가까이 하락하는 등 시장은 혼란에 빠졌습니다. 이 과정에서 많은 투자자들은 손실을 견디지 못하고 시장을 떠났습니다.

이 사례는 시장의 탐욕이 어떻게 군중심리를 유발하고, 과잉확신이 손실로 이어지는지를 명확히 보여주는 예시입니다. 원칙과 기준 없이 진입한 투자자들은 상승기의 유혹에 흔들려 고점에서 매수했고, 구조 없이 대응한 결과 감정에 압도되어 매도 타이밍을 놓쳤습니다. 반면, 기준이 있는 투자자는 고점에서 매수하지 않으며, 상승기의 익절 기준과 하락기의 분할 대응 구조를 통해 감정을 통제합니다.

우리는 이러한 심리적 손실을 줄이기 위해 다음의 다섯 가지 질문을 스스로에게 던질 수 있어야 합니다.
- 나는 이 판단을 감정이 아니라 원칙에 따라 했는가?
- 지금 이 선택은 구조 속에 있는가, 즉흥적인가?
- 수익보다 먼저 감정을 다스릴 수 있는가?
- 이 종목이 떨어질 때 나는 행동 전략이 있는가?
- 반복 가능한 전략이었는가, 즉흥적 행동이었는가?

찰리 멍거는 말했습니다. "훌륭한 투자는 복잡하지 않다. 다만 그것을 꾸준히 지키는 것이 어렵다." 복리의 힘은 결국 '꾸준함'에서 나옵니다. 그런데 꾸준함은 의지가 아니라 구조에서 나옵니다. 감정은 매 순간 요동치기 때문에 의지로 제어하기 어렵습니다. 하지만 구조는 감정이 흔들릴 때도 우리를 붙들어주는 장치가 됩니다. 그래서 투자자는 철학 이전에 시스템이 필요하고, 통찰 이전에 구조가 필요합니다.

우리는 전략적으로 움직여야 합니다. 예측은 실패할 수 있지만, 준비된 대응은 실패하지 않습니다. Q4-STEP은 예측보다 대응을, 감정보다 구조를 우선하는 전략입니다. 그 구조 안에서 감정을 이길 수 있는 힘이 생깁니다. Q4-STEP 시스템은 바로 이 심리적 오류를 구조적으로 통제하기 위한 장치입니다. 판단을 나누고, 조건을 정해놓으며, 자동으로 실행되도록 설계함으로써 감정 개입의 여지를 최소화합니다. 이는 마치 스티븐 스필버그가 "좋은 영화는 즉흥성이 아닌 정확한 설계에서 나온다"고 말한 것처럼, 감정이 아니라 구조가 결과를 만든다는 원리와 같습니다.

투자자는 늘 한쪽 끝에 서 있습니다. 시장이 오르면 "더 오를 것 같다"는 욕망에 휘둘리고, 내리면 "더 떨어질까 봐" 두려움에 빠집니다. 이 감정은 시스템이 없는 투자자에게는 강력한 파괴력을 가집니다. 하지만 Q4-STEP은 이 구조적 파동을 '익절의 반복'이라는 틀로 통제합니다. +7.7%라는 명확한 기준이 수익에 대한 집착을 줄이고, 재진입을 통해 흐름에 계속 올라탈 수 있다는 믿음을 줍니다. 이는 버핏이 말한 "당신이 감정적으로 흔들리지 않는다면, 남들이 공포에 질릴 때 담을 수 있다"는 원칙과도 맞닿아 있습니다.

누구나 실패를 겪습니다. 중요한 것은 실패 후의 회복 속도입니다. 이를 '회복탄력성(Resilience)'이라 부릅니다. 회복탄력성이란 스트레스와 충격, 특히 손실 상황에서도 빠르게 심리적 안정과 판단력을 되찾는 능력을 의미합니다. 예를 들어, 2022년 급락장에서 A 투자자는 단기 손실에 충격을 받고 시장을 떠났지만, B 투자자는 자신의 전략을 되짚고, 다시 진입 타이밍을 잡아 손실을 회복했습니다. 이처럼 회복탄력성이 높은 투자자는 손실을 경험해도 자기 비난에 빠지지 않고, 감정에 휘둘리지 않으며, 전략을 점검하고 다시 구조 안으로 복귀합니다.

이는 단순한 의지의 문제가 아니라, 평소에 철학과 전략이 내면에 잘 정립되어 있느냐에 달려 있습니다. 심리적 회복력은 감정이 폭주하는 시장에서 살아남는 중요한 생존 도구입니다.

모건 하우절은 『돈의 심리학』에서 "성공적인 투자자는

항상 오를 종목을 맞추는 사람이 아니라, 잘못된 선택에서 빠르게 회복하고 다시 돌아올 줄 아는 사람이다"라고 말합니다. 이 말은 투자자가 단지 분석가가 아니라, 회복 전문가가 되어야 함을 뜻합니다. 이러한 태도는 철학에서 비롯됩니다. 내가 왜 이 전략을 선택했는지, 이 구조가 나를 어떻게 지켜주는지를 이해할수록 복귀는 빨라집니다. 주역의 박(剝)에서 복(復)으로의 전환처럼, 바닥은 끝이 아니라 새로운 시작을 품고 있습니다. 바닥은 운명의 전환점이며, 중심이 있는 사람에게는 그 순간조차 계획된 일부로 작용합니다.

투자는 정보의 싸움이 아니라, 인내와 태도의 싸움입니다. Q4-STEP과 같은 시스템은 감정이 개입될 틈을 줄여주고, 반복 가능한 구조를 통해 자신감을 회복시켜줍니다. 하지만 궁극적인 통제력은 시스템이 아닌, 그것을 따르려는 자기 안의 의지에서 비롯됩니다.

시장은 끊임없이 투자자를 유혹하고, 감정을 흔듭니다. 그 속에서 중심을 지킬 수 있는 힘은 전략 이전에 철학입니다. 나는 왜 이 구조를 따르는가? 무엇을 위해 이 원칙을 지키는가? 모건 하우절은 "돈을 다루는 기술보다, 돈에 흔들리지 않는 태도가 더 중요하다"고 말했습니다. 이 질문에 대한 답이 있다면, 투자자는 어떤 흐름 속에서도 흔들리지 않습니다. 감정이 파도친다 해도, 중심을 잃지 않는 투자자만이 결국 운의 파도를 탈 수 있습니다.

※ 당신은 어떤 투자 심리에 약한가요?

☐ 나는 확신이 들면 쉽게 올인하는 편이다 (→ 확증 편향)

☐ 손실을 보면 쉽게 화나고, 끝까지 버티는 편이다 (→ 손실 회피)

☐ 이전 실수 때문에 계속 망설인다 (→ 후회 회피)

☐ 처음 매수 가격을 기준으로만 생각한다 (→ 앵커링)

→ 위 체크 항목이 많을수록, 당신에게는 구조화된 대응 시스템(Q4-STEP)이 필요합니다.

Key message

....

- 시장을 이기는 것이 아니라, 감정을 제어하는 것이 성공의 본질이다.

- 감정을 없애는 것은 불가능하다. 그러나 감정이 판단을 침범하지 못하도록 설계할 수 있다.

- 투자자 자신이 심리적 편향의 구조적 피해자라는 사실을 인지하는 것만으로도 선택은 강화된다.

제9장

돈의 진짜 의미
- 자유를 위한 수단

"당신이 원하는 것을, 원하는 때에, 원하는 사람과,
원하는 장소에서, 원하는 만큼 할 수 있는
자유가 있다면 그것이 바로 부자다."

- 모건 하우절

많은 사람들은 돈이 많으면 무조건 행복하다고 믿습니다. 그러나 현실은 그리 단순하지 않습니다. 돈이 많다고 해서 삶이 반드시 충만해지거나 인간관계가 깊어지는 것은 아닙니다. 하지만 분명한 사실은, 일정 수준의 돈은 삶의 선택지를 넓혀주며 자유를 확장시키는 중요한 수단이라는 점입니다. 돈은 자유의 다른 이름입니다. 돈이 있어야 원하는 일을 하고, 하기 싫은 일에서 벗어날 수 있으며, 사랑하는 사람들과 의미 있는 시간을 보낼 수 있습니다.

모건 하우절은 『돈의 심리학』에서 이렇게 말합니다. "돈의 진짜 가치는 당신이 원하는 것을, 당신이 원하는 때에, 당신이 좋아하는 사람과, 당신이 원하는 장소에서, 당신이 원하는 만큼 할 수 있는 자유에 있다. 그리고 이 모든 것을 위해 돈이 필요하다." 이 말은 단순히 물질을 소유하는 것을 넘어서, 시간을 주체적으로 통제할 수 있는가에 대한 질문을 던집니다. 돈은 결국 '시간을 사는 수단'입니다.

이는 주역 16번째 괘인 豫(예, ䷏)괘의 의미와도 맞닿아 있습니다. 예괘는 기쁨을 준비하고 조화롭게 즐길 수 있는 여건을 마련하라는 메시지를 담고 있습니다. 재정적 여유는 단순한 풍요가 아니라, 삶을 더욱 주체적으로 준비할 수 있게 만드는 심리적 안정감이자 구조적 기반이 됩니다.

진정한 부유함은 조기 은퇴나 고액 자산이 아니라, 자신이 원하는 시간에 자신이 원하는 일을 할 수 있는 능력에서 비롯됩니다. 진짜 부자는 '일을 안 해도 되는 사람'이 아니라, '하고 싶은 일만 할 수 있는 사람'입니다. 워런 버핏이 말했듯, 돈이 많아도 시간이 없고 인간관계가 단절되며 삶이 고통스럽다면 그것은 결코 성공이 아닙니다. 투자의 목표는 계좌의 숫자를 늘리는 데 있지 않고, 궁극적으로는 '삶의 질'과 '시간의 질'을 바꾸는 데 있습니다.

돈의 본질을 이해하기 위해서는 소비 중심의 사회가 부추기는 환상에서 벗어나야 합니다. 광고와 마케팅은 마치 소비가 행복의 보상인 것처럼 포장하지만, 그 결과 우리는 끊임없이 지갑을 열게 되고, 신용카드에 의존하며 살아가게 됩니다. 월급날이 되어도 통장에 돈이 스쳐 지나가듯 사라지는 구조는, 결국 진짜 원하는 인생에서 우리를 멀어지게 만듭니다.

이러한 소비의 흐름에서 벗어나기 위해서는 반드시 저축이라는 기본기로 돌아가야 합니다. 목돈을 모으는 과정은 단순한 절약이 아니라, 자기 통제력을 훈련하는 투자자의 기본 자세입니다. 돈이 있어야만 기회가 왔을 때 과감하게 움직일 수 있으며, 감정이 아닌 기준에 따라 냉정한 결정을 내릴 수 있습니다. 따라서 목돈 없이 시작하는 투자는 심리적으로도 약하고, 전략적으로도 지속 가능성이 떨어집니다. 투자 시스템을 작동시키기 위해서는 반드시 그것을 뒷받침할 실탄, 즉 재무적 기초체력이 필요합니다.

이는 주역 5번째 괘인 需(수, ䷄)괘의 맥락과도 일치합니다. 수괘는 '기다림'을 뜻하며, 준비된 자에게 기회는 반드시 온다는 진리를 담고 있습니다. 투자자는 조급함을 버리고, 자산을 모으며 기다리는 법을 배워야 합니다. 기회를 만났을 때 들어갈 수 있는 여유자금이 없다면, 그 기회는 아무 의미도 없습니다.

현명한 투자자는 소비를 줄이고, 자신만의 금융 루틴을 만들며, 자산을 모으는 시간을 견딜 줄 압니다. 이 과정을 통해 돈의 진짜 가치를 체감하게 되고, 자유를 향한 실질적인 첫 걸음을 내딛게 됩니다. 수익률에만 집착하는 많은 투자자들과 달리, 진정한 투자자는 철학과 기준을 바탕으로 투자합니다. Q4-STEP 시스템은 바로 그런 철학 위에 세워진 구조입니다. 이 시스템은 단기적인 수익에 일희일비하지 않으며, 감정과 투자의 분리를 통해 장기적인 안정성과 지속 가능성을 추구합니다.

이와 관련해 주역 32번째 괘인 恒(항, ䷟)괘를 떠올릴 수 있습니다. 항괘는 '지속'과 '일관성'을 상징하며, 장기적 구조와 리듬을 유지하는 삶의 태도를 강조합니다. 감정에 흔들리지 않고, 한 방향으로 꾸준히 나아가는 사람만이 결국 진정한 성취를 이룰 수 있습니다.

돈을 버는 진짜 이유는 단순히 더 많이 가지기 위해서가 아닙니다. 그것은 더 잘 살기 위해서입니다. 더 잘 산다는 것은 더 많은 자유를 가진다는 것이며, 자유가 많아질수록 우리는 더 잘 선택하고, 더 잘 머무르며, 더 잘 떠날 수 있습니다. 벤저민 프랭클린은 이렇게 말했습니다. "돈은 불을 피우는 장작과 같다. 너무 적으면 추위에 떨고, 너무 많아도 타버린다." 돈이 너무 많아도 끝없는 축적의 욕망에 갇혀 삶의 방향을 잃을 수 있다는 의미입니다. 진정한 부는 욕망의 크기를 조절할 수 있는 능력에서 시작됩니다. 자족할 줄 아는 마음이 있어야 돈은 도구가 되지만, 그렇지 않으면 돈이 목적이 되어 우리 인생을 지배하게 됩니다.

이는 41번째 괘인 損(손, ☶)괘와 연결됩니다. 손괘는 '덜어냄'을 통해 더 큰 가치를 얻게 된다는 뜻을 담고 있습니다. 절제와 자족은 단순한 금욕이 아니라, 더 나은 질적 선택을 가능하게 하는 힘입니다.

모건 하우절 역시 말합니다. "돈을 잘 다루는 사람은 숫자를 쫓지 않고, 감정을 통제하며, 자신이 진정 원하는 삶을 아는 사람이다." 돈이 많아질수록 인간관계는 더 조심스러워집니다. 진정한 관계는 돈이 많을 때가 아니라, 돈이 없을 때 함께 나눈 진심 속에서 시작됩니다. 그렇기에 돈을 어떻게 버느냐만큼, 어떻게 나누고 어떻게 사용할 것인가도 매우 중요합니다. 한 부유층 심리학자는 이렇게 말했습니다. "부자는 자신의 돈으로 무엇을 살 수 있는지가 아니라, 그것으로 얼마나 깊은 관계와 시간을 만들 수 있는지를 아는 사람이다."

결국 돈은 목적이 아니라 수단입니다. 돈은 내가 나답게 살아가기 위해 존재하는 도구이지, 인생 그 자체가 되어서는 안 됩니다. 돈으로 시간을 통제하고, 인간관계를 지키며, 내가 진정 원하는 방향으로 삶을 이끌 수 있을 때, 돈은 비로소 제 가치를 발휘합니다. 투자는 단순한 숫자의 게임이 아닙니다. 그것은 삶의 태도이자 철학입니다. "나는 누구이며, 어떤 삶을 살고 싶은가?"라는 질문에 진지하게 답할 수 있을 때, 돈은 그 질문을 현실로 만드는 강력한 도구가 됩니다. 그리고 그 시작은 철학을 기반으로 한 투자 시스템을 꾸준히 실천하는 데서 출발합니다.

Key message

....

- 돈은 숫자가 아니라 해석이다. 그것을 어떻게 이해하느냐에 따라 삶의 방향이 달라진다.

- 돈을 통제할 수 없는 사람은, 결국 돈에게 삶을 통제당한다.

- 투자는 단지 돈을 버는 일이 아니라, 돈이 내 삶에 어떤 기능을 할지를 명확히 정립하는 철학적 실천이다.

제10장

타이밍, 주기 그리고 기다림의 기술

"시간은 모든 위대한 투자자의 동맹이다."

\- 워렌 버핏

투자에서 성공하는 사람과 실패하는 사람을 가르는 결정적인 차이는 무엇일까요? 어떤 사람은 좋은 종목을 고르는 안목이 중요하다고 말하며, 또 다른 사람은 정확한 기술적 분석이나 경제 흐름을 읽는 통찰력을 강조합니다. 이 모든 요소는 투자에서 성공을 위한 중요한 조건입니다. 하지만 진정으로 성과의 차이를 만들어내는 요소는 의외로 단순합니다. 그것은 바로 기다릴 줄 아는 능력입니다.

많은 투자자들은 끊임없이 움직이려는 욕망에 사로잡혀 있습니다. 무엇인가를 하지 않으면 불안하고, 가만히 있는 시간이 마치 손해를 보는 것처럼 느껴집니다. 그러나 시장은 결코 인간의 감정이나 욕망에 맞춰 움직이지 않습니다. 시장은 자신의 리듬에 따라 흐르며, 그 리듬은 준비된 사람에게만 기회를 허락합니다. 그렇기 때문에 투자는 결국 기다림의 기술을 연마하는 과정이라고 말할 수 있습니다.

기다림은 아무것도 하지 않는 정적인 상태가 아닙니다. 오히려 기다림은 매우 능동적인 시간입니다. 감정을 다스리고, 전략을 점검하며, 흐름을 관찰하고 해석하는 시간입니다. 이 시간을 어떻게 보내는가에 따라 투자자는 다가오는 기회를 알아차릴 수 있습니다. 준비된 기다림만이 기회를 포착할 수 있습니다.

기다림은 감정과의 싸움입니다. 시장이 흔들릴 때 인간은 본능적으로 '무언가를 해야 할 것 같은' 충동에 사로잡힙니다. 주가가 오르면 더 오르기 전에 따라붙고, 주가가 내리면 더 떨어지기 전에 던지고 싶어집니다. 이런 조급함에서 비롯된 판단은 대부분 좋지 않은 결과를 초래합니다.

하지만 기다릴 줄 아는 투자자는 다릅니다. 그는 자신의 감정을 인식하고, 그 감정이 판단을 흐리지 않도록 절제합니다. 기다림은 외부 세계를 통제하는 것이 아니라, 내면의 질서를 조율하는 행위입니다. 어떤 종목을 선택하느냐보다도, 어떤 기준이 충족되기 전까지는 절대 움직이지 않겠다는 '내적 기준'을 지키는 것이 기다림의 핵심입니다.

Q4-STEP 시스템은 이러한 기다림을 구조화한 전략입니다. 이 시스템은 거래량이 급등할 때만 1차 매수를 진행하며, 이후 2차부터 4차 매수는 각각 각각 -12% 씩 하락 시점마다 분할로 매수합니다. 그리고 언제나 수익률이 +7.7%에 도달하면 자동으로 매도합니다. 이러한 명확한 규칙은 감정을 배제하고 흐름과 구조에 따라 대응할 수 있게 해줍니다. Q4-STEP은 기다림을 단순한 인내가 아닌, 전략적 태도로 전환시키는 시스템입니다.

기다림은 투자에서 가장 중요한 행위 중 하나입니다. 많은 사람들이 투자란 끊임없이 움직이고 판단하는 일이라고 생각하지만, 실상 시장에서 진정한 결과를 만드는 것은 언제나 기다릴 줄 아는 사람입니다. 기다림은 아무것도 하지 않는 것이 아니라, 흐름이 올 때를 대비해 내면을 단련하고 전략을 정비하는 능동적 준비의 시간입니다.

이러한 기다림의 본질은 『주역』에서도 잘 드러납니다. 『주역』은 변화의 흐름을 64개의 괘로 설명하는 철학적 체계이며, 그 중에서도 需(수괘, 제5괘), 屯(준괘, 제3괘), 謙(겸괘, 제15괘), 復(복괘, 제24괘)는 기다림이 어떤 힘을 가지는지를 상징적으로 보여주는 핵심 괘입니다. 이 네 개의 괘는 투자에서 기다림이 단순한 인내가 아니라 전략적 사고이며, 시기와 태도의 문제임을 일깨워줍니다.

수괘(䷄)는 주역 제5괘인 需(수괘)는 '기다림'을 상징하는 대표적인 괘입니다. 괘의 구성은 하괘가 乾(건, ☰, 하늘), 상괘가 坎(감, ☵, 물)로 이루어져 있으며, 이를 일컬어 水天需(수천수)라고 부릅니다. 겉으로 보면 하늘이 아래에 있고 물이 위에 있는 형상이므로, 이 괘를 두고 "하늘 위에 물이 걸려 있는 형상"이라 해석합니다.

이 표현은 단순한 괘의 배열을 뜻하는 것이 아니라, '괘의 상징적 구조'에서 파생된 이미지입니다. 주역에서는 항상 하괘를 '아래의 자리', 상괘를 '위의 자리'로 해석합니다. 괘를 이루는 여섯 개의 효 중 아래 세 효(初, 二, 三)는 땅에 가까운 위치로, 위 세 효(四, 五, 上)는 하늘 또는 이상적인 방향을 상징합니다. 그에 따라 수괘에서는 상괘인 '물'이 위에 있고 하괘인 '하늘'이 아래에 있으므로, 이것이 곧 '하늘 위에 물이 걸려 있는 형상'이 되는 것입니다.

형상적으로 본다면, 물이 하늘 위에 머물러 비로 내리지 못하고 있는 상태이며, 이로 인해 아직 흐름이 시작되지 않은 정체의 시간을 의미합니다. 이러한 상태는 마치 흐르려는 물이 하늘 위에 머물러 있으나, 조건이 충족되지 않아 내려오지 못하는 상황과 같습니다. 그래서 수괘는 "움직이지 못하고 기다려야 하는 시기", 즉 타이밍이 무르익지 않았음을 인식하고 준비하는 상태를 상징합니다. "군자는 먹을 것을 준비하고 바깥에서 손님을 기다린다." 기다림은 단순히 멈추는 것이 아닙니다. 수괘는 우리에게 '기회가 오지 않았을 때는 움직이지 말고, 준비하면서 기다리라'고 가르칩니다. 투자자의 입장에서 이는 곧, 시장이 아직 열리지 않았을 때 섣불리 진입하지 않고, 자신의 전략과 기준을 정돈하며 흐름을 기다리는 자세와 같습니다.

수괘의 초효(初爻)는 "발목이 묶여 있다. 움직이지 않는 것이 이롭다"고 말합니다. 이는 시기상조의 조급한 행동을 경계하라는 뜻입니다. 반면, 상효(上爻)에서는 "비가 내리고, 우레가 울리며, 나라가 평안해진다"고 하여, 충분히 기다린 자에게는 풍요로운 보상이 따른다는 것을 상징합니다.

이처럼 수괘는 괘의 구조, 형상, 효사 모두에서 하나의 일관된 철학을 말해줍니다. '기다림은 고요한 시간 속에서 준비된 자만이 감당할 수 있는 전략적 태도이며, 가장 큰 흐름이 도래하기 전 반드시 필요한 시기'라는 통찰입니다.

준괘(䷂)는 주역의 제3괘로, 물(坎) 위에 천둥(震)이 있는 형상입니다. 이는 '시작의 어려움', '혼란 속의 태동', 그리고 '새로움의 진통'을 상징하는 괘입니다. 이 괘는 수뢰둔(水雷屯)이라 불리며, 상괘는 감(坎, ☵, 물), 하괘는 진(震, ☳, 천둥)으로 이루어져 있습니다. 즉, '물 위에 천둥이 있는 형상' 입니다.

겉으로 보기에 천둥은 하늘에 있어야 하고, 물은 그 아래에 위치하는 것이 자연의 질서처럼 보입니다. 그런데 왜 이 괘에서는 천둥이 아래에 있고, 물이 위에 있는 구조로 해석될까요? 그 이유는 주역의 괘 해석 방식에 있습니다. 주역에서 괘를 구성하는 두 개의 삼효(三爻) 괘, 즉 상괘

(上卦)와 하괘(下卦)는 단순한 물리적 위치가 아니라 상징적 방향성과 철학적 의미로 해석됩니다. 하괘는 '아래의 상태', 즉 현실의 기반이나 시작점이며, 상괘는 '위의 상태', 즉 이상과 목적, 혹은 상황이 향하는 방향을 의미합니다.

준괘는 하괘에 진(震)이 있고, 상괘에 감(坎)이 있으므로 구조적으로는 '천둥이 물을 향해 위로 올라가고자 하는 상태'입니다. 하지만 물은 본질적으로 아래로 흐르려는 성질을 가지고 있고, 천둥은 퍼지며 위로 울립니다. 이런 조화롭지 못한 두 에너지가 하나의 괘 속에 동시에 존재함으로써, 막 태어나려는 힘이 방향을 잡지 못하고 충돌하는 혼란을 표현하게 됩니다. 『주역』에서는 이 괘를 이렇게 설명합니다. "屯은 형통하니, 곧게 나아감이 이롭고, 위대한 사람을 만나야 한다. 처음이 어렵다."

이 말은 새로운 시작은 항상 어려움과 혼란 속에서 시작된다는 뜻입니다. 눈에 띄는 움직임은 없지만, 내부적으로는 강한 변화가 시작되고 있다는 것을 암시합니다. 마치 씨앗이 땅속에서 뿌리를 내리는 과정과 같으며, 보이지 않는 곳에서 자라나는 시간입니다.

이 괘의 초효는 "길을 잃었다. 움직이지 않는 것이 이롭다"고 말합니다. 이는 바로 시작하려는 시점에 방향성을 잃고 헤매기 쉬운 시기이므로, 무턱대고 나아가지 말고 중심을 잡으라는 경고입니다. 상효는 "물을 뚫고 길이 열리니, 나아감이 가능하다"고 말하며, 혼란을 지나면 비로소 새로운 길이 열린다는 희망을 보여줍니다.

투자의 관점에서 준괘는 Q4-STEP 전략에서 1차 매수를 단행한 이후 조정이 깊어지는 구간과 유사합니다. 이 시점은 거래량이 터졌다는 신호로 진입했지만, 곧바로 흐름이 이어지지 않고 가격이 흔들리는 구간입니다. 많은 투자자들이 이 구간에서 조급함에 사로잡혀 전략을 변경하거나 손절을 고민하지만, 준괘는 그럴수록 내부의 구조를 믿고 기다릴 줄 아는 자세를 요구합니다.

"지금의 혼란은 새로운 변화가 태어나는 진통이다."

이 괘는 시장의 외형이 혼란스러울수록, 그 안에서 일어나는 심층적인 구조 변화와 전환의 힘을 신뢰해야 함을 일깨워 줍니다. 겉으로 보기에 방향이 보이지 않고, 상승도 하락도 명확하지 않은 시점이 오히려 진짜 투자의 본질이 작동하는 시간입니다. 이 준괘는 '물 위에 천둥이 있는 형상'인데 단순한 물리적 위치가 아니라, 철학적 해석으로서 혼란과 불안 속에서 태동하는 에너지, 보이지 않는 움직임, 그리고 새로움이 자리 잡기 위한 진통의 상태를 상징합니다.

투자자는 이 괘를 통해, 흐름이 잠시 보이지 않는다고 해서 방향을 잃지 말아야 한다는 교훈을 얻습니다. 시장이 혼란스럽게 보일수록, 오히려 내면의 전략과 기준을 재확인하고 중심을 지켜야 할 때입니다. 그리고 그 기다림과 신뢰 속에서 마침내 흐름은 자신을 드러냅니다.

겸괘(☷)는 주역의 제15괘로, 땅(坤) 위에 산(艮)이 있는 형상입니다. 이 괘는 地山謙(지산겸)이라고 불리며, 하괘는 艮(간, ☶, 산), 상괘는 坤(곤, ☷, 땅)으로 구성되어 있습니다. 구조상으로 보면 산이 아래에 있고 땅이 위에 있는 괘입니다. 즉, 땅 위에 산이 있는 형상입니다.

이 말을 들으면 직관적으로 의아함이 생길 수 있습니다. 왜냐하면 일반적으로는 산이 땅 위에 있어야 하는 것이 자연의 이치처럼 느껴지기 때문입니다. 하지만 주역에서 말하는 '땅 위에 산이 있다'는 표현은 단지 물리적인 위치나 시각적 배열을 설명하는 것이 아니라, 철학적 상징과 인간의 태도를 비유적으로 표현한 것입니다.

주역에서 괘는 두 개의 삼효(三爻)로 이루어져 있으며, 하괘는 '내면'이나 '기초'를, 상괘는 '겉으로 드러난 외부', 또는 '사회적 표출'을 나타냅니다. 겸괘에서 하괘인 간(艮)은

'산'을 상징하며, 단단하고 움직이지 않는 경계선, 또는 자기 성찰과 절제의 상징입니다. 상괘인 곤(坤)은 '땅'을 상징하며, 포용력과 낮춤, 순종과 부드러움의 본질을 담고 있습니다.

이 괘가 의미하는 '산이 땅 아래에 있는 형상'은, 높은 것이 낮은 곳에 처한 상태, 즉 자신을 낮추고 겸손을 실천하는 자세를 뜻합니다. 산은 원래 높고 위엄 있는 존재이지만, 지금은 땅 아래에 있어서 드러나지 않고 조용히 자신을 낮추고 있는 상태인 것입니다.

겸괘는 무릇 겸손이야말로 가장 강력한 힘임을 말합니다. 강하게 밀어붙이기보다 낮게 엎드리고, 소리치기보다 조용히 응시하는 태도야말로 세상을 움직이는 본질적인 에너지임을 강조합니다.

투자자의 입장에서 겸괘는 아주 중요한 교훈을 줍니다. 시장 앞에서 자신을 낮출 줄 아는 사람만이 흐름을 온전히 받아들일 수 있습니다. 투자에 있어서 겸손이란, 지금은 내가 나설 때가 아님을 스스로 인정할 수 있는 용기, 또는 이미 수익을 얻은 상황에서 더 욕심내지 않고 철수할 줄 아는 절제의 태도입니다.

겸괘의 초효(初爻)는 "자신을 낮추니, 사람들이 기꺼이

도와준다"고 말합니다. 이는 겸손한 태도를 지닌 자에게는 외부의 흐름도 자연스럽게 따라오게 된다는 뜻입니다. 상효(上爻)는 "끝까지 겸손하니, 마침내 큰 성취를 이루게 된다"고 말하며, 처음부터 끝까지 절제와 겸손을 유지한 자만이 지속 가능한 성공에 도달할 수 있다는 가르침을 줍니다.

Q4-STEP 전략에서도 겸괘는 깊은 교훈을 줍니다. 예를 들어 수익 실현이 임박한 시점에 더 오를 것 같은 욕망을 절제하고, 정해진 기준(+7.7%)에 따라 매도하는 행위는 겸손한 투자자의 실천입니다. 겉으로 드러나는 이익에 연연하지 않고, 흐름과 전략을 존중하는 태도는 겸괘가 말하는 '자기 낮춤'의 실제 적용이라 할 수 있습니다.

결론적으로 겸괘는 산이 땅 아래에 있는 형상입니다. 이는 단지 물리적인 위치가 바뀌었다는 의미가 아니라, 자신의 높음을 드러내지 않고 낮은 곳에 자리를 잡는 삶의 태도, 그리고 내면의 중심을 지키며 타이밍을 기다릴 줄 아는 성숙한 절제를 상상합니다.

겸손은 약함이 아닙니다. 겸손은 강함이 부드러워진 상태이며, 기다림 속에서도 자신을 지킬 수 있는 사람만이 흐름이 도래했을 때 그것을 온전히 받아들일 수 있습니다. 겸괘는 그렇게 말하고 있습니다. "가장 낮은 곳에 있는 자만이, 가장 멀리 바라볼 수 있다."

복괘(䷗)는 주역의 제24괘로, 땅(坤) 위에 천둥(震)이 놓인 형상입니다. 이는 겨울이 끝나고 봄이 시작되는 시점, 가장 깊은 어둠 속에서 변화가 다시 돌아오는 흐름을 상징합니다. 괘의 이름인 '복(復)'은 다시 돌아온다는 뜻이며, 이는 자연의 순환과도 맞닿아 있습니다. 이 괘는 地雷復(지뢰복)이라 불리며, 하괘는 震(진, ☳, 천둥), 상괘는 坤(곤, ☷, 땅)으로 구성되어 있습니다. 즉, 괘의 구조는 땅 위에 천둥이 놓여 있는 형상입니다.

복괘의 경우, 하괘인 천둥(震)이 땅(坤)아래에 놓여 있어 보이지 않지만 강한 에너지가 내부에서 꿈틀거리는 형상입니다. 이 괘는 바로 그 지점인 아직 눈에 보이진 않지만, 새로운 움직임이 곧 땅을 뚫고 올라오려는 시점을 형상화한 것입니다.

"한 번 물러났다가 다시 돌아오면, 끝내 길하다. 이치는 천지의 도와 같으니, 순환하며 다시 시작됨이 있다." 이는 겨울의 끝자락에서 봄의 시작을 맞이하는 순간을 의미합니다. 겉으로는 아무 일도 없는 듯 보이지만, 내부에서는 이미 새로운 변화가 시작되고 있습니다. 복괘는 바로 자연의 되돌아옴, 순환의 원리, 그리고 시점 전환의 힘을 함축하고 있는 괘입니다.

복괘의 초효(初爻)는 "되돌아오되, 너무 빠르지 않아야 한다. 때를 기다려야 길하다"고 말합니다. 이는 조급한 회복이나 성급한 재진입은 해로울 수 있음을 경고하며, 내부 변화가 완전히 준비되기 전까지는 기다림이 필요함을 강조합니다. 상효(上爻)는 "여섯 번을 되돌아오면 마침내 길하다"고 말합니다. 이는 지속적인 반복과 시련 끝에 비로소 진정한 전환이 이루어진다는 것을 의미합니다. 시장에서 반복되는 저점과 조정 구간을 지나 마침내 회복이 시작되는 구간과도 일맥상통합니다.

Q4-STEP 전략에서 복괘는 3차 또는 4차 매수를 마친 이후에도 시장이 여전히 반등하지 않고, 심리적으로 매우 어려운 구간에 해당합니다. 많은 투자자들이 이 시점에서 손절하거나 포기하지만, 복괘는 말합니다.

"보이지 않을 뿐, 회복은 이미 시작되었다."

투자자에게 있어 복괘는 내면의 구조를 신뢰하고, 외부의 침묵을 감내하며, 시세가 반응할 때까지 기다리는 시간입니다. 마치 얼어붙은 땅 아래에서 싹이 움트고 있는 시기처럼, 지금은 조용히 인내하며 다시 돌아올 흐름을 기다려야 합니다.

복괘의 '땅 위에 천둥이 있는 형상'은 바로 이런 흐름을 상징합니다. 천둥은 움직이려는 기운이며, 땅은 그것을 잠시 덮고 있는 장막입니다. 겉으로는 정적이지만, 그 안에는 무서운 회복의 에너지가 준비되고 있습니다. 이 복괘는 "땅 위에 천둥이 있는 형상"입니다. 이는 곧 정지와 고요함 속에서 되돌아오는 진동의 시기를 의미합니다. 외적으로는 침묵이지만, 내면에서는 강력한 회복의 흐름이 꿈틀거리고 있습니다.

진정한 투자자는 이 복괘의 철학처럼, 흐름이 멈춘 듯한 정적 속에서도 스스로를 점검하고, 다음 사이클을 준비합니다. 기다림은 단순한 대기가 아니라, 새로운 시작을 위한 침묵 속의 분만입니다. 복괘의 핵심 메시지는 "시장은 반복되며, 흐름은 되돌아온다. 단, 그 순간을 감지하려면 내면이 먼저 깨어 있어야 한다." 입니다.

이처럼 주역의 네 괘는 기다림의 서로 다른 국면을 상징합니다. 수괘는 '기회 이전의 준비된 고요함'을, 준괘는 '혼돈 속의 성장'을, 겸괘는 '절제된 겸손'을, 복괘는 '회복의 리듬'을 나타냅니다. 투자자는 이 괘들을 통해 기다림을 단지 시간을 버티는 일이 아니라, 시간과 흐름에 조응하는 능동적 행위이며 전략적 통찰이라는 사실을 배우게 됩니다.

모든 시장은 흐릅니다. 그러나 그 흐름은 인간의 감정보다 더 느리고, 더 깊은 차원에서 움직입니다. 그 흐름을 억지로 앞서가려 하면, 시장은 반드시 냉정한 대가를 요구합니다. 반대로 흐름이 도래할 때까지 묵묵히 기다릴 수 있는 사람은, 결국 시장의 리듬과 하나가 되는 순간을 맞이합니다.

기다림은 멈춤이 아닙니다. 그것은 감정을 다스리는 과정이며, 전략을 숙성시키는 시간입니다. 기다림은 흐름을 분석하는 작업이며, 시장과 자신을 조율하는 내면의 기술입니다. Q4-STEP은 이러한 기다림을 자동화된 기준으로 구현하여, 투자자가 흔들리지 않도록 돕는 전략입니다. 이것은 단순한 매매 전략이 아니라, 시간을 대하는 철학이자 리듬과 어우러지는 삶의 태도입니다.

결론적으로, 기다림은 투자에서 가장 위대한 행위입니다. 그것은 아무것도 하지 않기 때문에 위대한 것이 아니라, 모든 것을 감추고 내면에서 준비하고 있기 때문에 위대한 것입니다. 기다릴 줄 아는 사람만이 흐름을 읽을 수 있으며, 흐름을 읽는 사람만이 시장 위에 설 수 있습니다. 그리고 투자는 단순한 돈의 게임이 아니라, 시간과 내면의 리듬을 조율하는 예술이라는 사실을 깨달아야 합니다.

Key message

....

- 기다림은 전략이다. 아무것도 하지 않는 시간이 아니라, 무언가가 다가오는 것을 준비하는 시간이다.

- 타이밍은 촉이 아니라 구조에서 나와야 한다. 그 구조가 없다면, 타이밍은 결국 '운에 기대는 감정적 추측'에 불과하다.

- 투자자의 실력은 거래 빈도가 아니라, 기다릴 수 있는가의 여부로 측정된다.

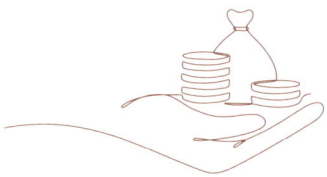

제11장

운 좋은 사람이 투자에서 성공하는 이유
- 운을 믿고, 운을 관리하는 태도

"운은 준비된 사람에게만 찾아온다."

\- 루이 파스퇴르 (Louis Pasteur)

많은 투자자들이 숫자, 기술, 분석, 그리고 정보에 몰두합니다. 하지만 놀랍게도, 진짜 성공한 투자자들은 하나같이 "운이 중요하다"고 말합니다. 그들은 단순히 운이 오기만을 바라지 않습니다. 오히려 "운을 부르고", "운을 알아보고", "운이 지나가지 않도록" 준비하고 행동합니다.

운은 단지 하늘에서 떨어지는 선물이 아닙니다. 운은 태도에서 비롯되고, 행동에서 유지되며, 철학에서 방향을 얻습니다. 운 좋은 투자자는 반드시 '운의 흐름'을 읽을 줄 아는 사람입니다. 그 흐름은 숫자가 아닌 감각에서 시작되며, 그 감각은 평소의 삶의 태도에서 나옵니다.

Q4-STEP 시스템은 단순한 전략이 아니라, 운의 흐름을 붙잡기 위한 구조입니다. 철저하게 준비되어 있는 사람만이 운이 다가왔을 때 그 기회를 잡을 수 있습니다. 아무리 좋은 파도가 와도 준비되지 않은 서퍼는 그 물결 위에 올라설 수 없습니다.

운이 좋은 사람은 대체로 세상을 선한 눈으로 바라보는 사람입니다. 그들은 남을 해치지 않으며, 조급하게 결과를 원하지 않고, 자기 안의 중심을 지키려 합니다. 시장은 본질적으로 탐욕과 공포가 넘실대는 전장입니다. 이런 곳에서 선한 마음을 유지한다는 것은 매우 어려운 일이지만, 그 어려움을 이겨내는 것이 진짜 투자자의 힘입니다.

초운 김승호 선생님은 『돈보다 운을 벌어라』에서 이렇게 말합니다. "운이란 원래 전염성이 강한 것입니다. 운이 좋은 사람을 자주 만나면 행운을 얻을 수 있습니다."

우리가 어떤 사람들을 곁에 두는가는 운의 흐름에 큰 영향을 줍니다. 에너지는 연결되어 있기 때문에, 긍정적인 기운과 감사의 파동을 가진 사람 곁에 있을수록 우리의 내면도 안정되고 밝아집니다. 실제로 많은 성공한 투자자들은 투자 종목보다 '사람을 보는 눈'을 더 중요하게 여깁니다.

한 벤처 투자자는 이렇게 말했습니다. "나는 종목보다 창업자의 인품을 먼저 본다. 운 좋은 사람은 말과 표정, 행동에서부터 다르다." 그의 말처럼, 좋은 사람을 알아보고, 그런 사람과 함께 시간을 보내는 것이 결국 내 삶의 궤도에도 긍정적인 영향을 미칩니다.

그러므로 우리는 우리의 주변을 의식적으로 정비할 필요가 있습니다. 함께 있으면 마음이 편해지고, 내가 더 나은 사람이 되고 싶은 욕망이 생기는 사람이 있다면, 그는 당신의 '운의 자산'입니다.

"운의 기운이란 흐를수록 더 강해지고, 다른 사람의 운을 북돋우는 것은 나의 운을 키우는 것과 같다. 나부터 먼저 꾸준히 운이 좋은 사람이 되도록 노력해야 하고, 그러면 자연스럽게 운이 좋은 사람을 만날 것이다. 운 좋은 사람끼리 만나면 상승작용이 이루어져 2배가 아닌 20배로 운이 좋아질 수 있다."라고 초운 김승호 선생님이 한 말은 실제로 주변에 선한 기운을 퍼뜨리는 사람은 더 많은 기회를 만나고, 그 기회를 나눌 줄 아는 사람에게 다시 기회가 돌아온다는 의미 입니다.

운은 인품에서 비롯되기도 합니다. 인품이 훌륭한 사람은 자연스럽게 좋은 사람을 끌어당기고, 기회를 불러오며, 위기의 순간에도 신뢰를 얻습니다. 예를 들어, 위기의 순간 투자금이 회수될 가능성이 희박했던 한 스타트업 대표는 평소의 성실함과 진정성 덕분에 기존 투자자들로부터 추가 유치를 받았습니다. 그 대표는 단순히 사업 아이템이 아니라, 그의 인격으로 신뢰를 얻은 것입니다.

이처럼 인품이 훌륭한 사람은 그 자체로 하나의 '운의 자산'이며, 그런 인품은 일관된 태도와 성찰, 겸손과 배려의 누적으로 만들어집니다. 운이 좋다는 것은 단지 운이 '따라오는 것'이 아니라, 운이 '머물 수 있는 그릇이 되는 것' 입니다.

운은 혼자서 완성되는 것이 아닙니다. 그것은 서로의 마음과 삶이 맞닿는 교차점에서 증폭됩니다. 내가 좋은 운의 사람이 되려 할 때, 나의 주변도 하나둘씩 변화하고, 마침내 그 만남이 나의 삶 전체를 들어 올리는 상승작용을 일으킵니다.

그렇다면 우리는 어떻게 하면 운이 좋아질 수 있을까요?

무엇보다 먼저, 인품을 갖추기 위해 끊임없이 노력해야 합니다. 운은 그 사람의 품성과 태도를 알아보고 머뭅니다. 사소한 이익에 연연하지 않고, 말이 통하며 배려가 넘치는 화통한 성격을 가진 사람은 주변에 기분 좋은 에너지를 전파합니다. 함께 있는 것만으로도 안도감과 활력을 주는 사람, 그는 자연스레 귀인을 끌어들이고 운이 찾아오지 않을 수 없습니다.

일을 추진함에 있어서는 주저함 없이 능동적으로 행동하면서도, 사사로운 이익보다 모두에게 이익이 되는 결정을 내릴 줄 아는 사람, 개성이 뚜렷하면서도 타인을 존중하는 품격 있는 태도는 '운의 통로'를 여는 삶의 방식입니다. 여기에 맑고 또렷한 목소리로 자신의 신념을 전하고, 사람들의 공감과 감동을 이끌어내는 능력까지 갖추었다면, 그는 이미 운이 머무는 중심에 서 있는 사람입니다.

결국, 좋은 운은 하늘에서 무작위로 떨어지는 것이 아니라, 좋은 사람에게 자연스럽게 끌려가는 에너지입니다. 운은 준비된 사람에게 머무르고, 따뜻하고 품격 있는 인품을 지닌 사람 곁에서 더욱 풍성하게 자랍니다. 먼저, 자기 내면을 정돈하는 감각을 길러야 합니다.

운은 혼란한 마음을 피해 갑니다. 마음이 복잡하고 방향 없이 흘러갈수록 운은 머물 자리를 잃고, 기회가 오더라도 그것을 알아채지 못한 채 흘러보내기 쉽습니다. 자기 내면을 정돈한다는 것은 단순히 마음을 가라앉히는 것이 아닙니다. 생각의 흐름을 정리하고, 감정을 객관적으로 바라보며, 나의 상태를 인식하는 능력을 기르는 일입니다.

이를 위해서는 자기만의 루틴이 필요합니다. 매일 아침 일어나는 시간, 식사하는 방식, 일과를 시작하기 전의 작은 의식들을 유지하는 이러한 반복 가능한 패턴은 외부의 변동성 속에서도 내면의 균형을 잡아주는 버팀목이 됩니다. 10분간의 조용한 호흡, 산책, 다이어리 작성, 간단한 명상 등은 마음을 가다듬고 감정을 정리하는 강력한 수단이 됩니다.

또한, 정보 과잉에서 벗어나는 시간도 중요합니다. 우리는 끊임없이 쏟아지는 뉴스, 알림, 말의 폭풍 속에 살고 있습니다. 그 안에서 내면의 소리를 듣기란 쉽지 않습니다.

운이 들어설 자리를 만들기 위해서는 하루 중 단 몇 분이라도 '자기만의 무소음 공간'을 만들어야 합니다.

내면을 정돈하는 사람은 외부의 소란 속에서도 방향을 잃지 않습니다. 그 안정된 에너지는 주위 사람들에게도 신뢰감을 주며, 운이 머물고 싶어하는 분위기를 만들어냅니다. 결국 운은, 준비된 마음과 깔끔한 감정의 집을 가진 사람에게 찾아옵니다.

그리고, 필자가 아주 중요하게 생각하는 것이 있습니다. 바로 사람을 대하는 감각을 섬세하게 길러야 합니다. 관계는 운의 통로이기도 합니다. 특히 평소에 사사로운 이익에 민감하게 반응하고, 언제나 손익 계산이 빠른 사람은 관계의 온기를 놓치기 쉽습니다. 반대로, 작은 이득을 따지지 않고 기꺼이 먼저 베푸는 사람은 사람 사이에 신뢰와 존중을 쌓아가며 운의 문을 여는 존재가 됩니다. 그는 손해를 감수하더라도 누군가에게 좋은 마음을 남기기를 택하고, 자리를 함께하는 이들에게 편안함과 따뜻함을 나눌 줄 아는 사람입니다. 결국 운은 이런 사람을 향해 조용히, 그러나 확실하게 걸어옵니다.

그런 사람은 식사를 할 때에도 자연스럽게 스스로 계산하고, 작은 선물이나 따뜻한 말을 준비하며, 주변 사람들에게 '당신은 소중한 존재'라는 메시지를 삶으로 표현합니다.

이러한 베풂은 단순한 매너가 아니라 '운을 심는 행위'입니다. 운은 언제나 선순환을 타고 흐르기 때문에, 내가 먼저 건넨 따뜻한 손길은 언젠가 전혀 예상치 못한 방향에서 나에게 돌아옵니다. 이는 마치 조용히 심어둔 씨앗이 시간이 지나 어느 날 갑자기 풍성한 열매로 나타나는 것과 같습니다.

타인의 강점을 인정하고, 작은 고마움을 표현하며, 경쟁보다 연결을 우선시하는 태도는 운의 흐름을 자연스럽게 열어줍니다. '주는 사람'이 결국 기회를 먼저 맞이하는 이유는, 세상이 그의 손에 또 하나의 씨앗을 쥐어주기 때문입니다.

또한, 무리하게 앞서려 하지 않는 훈련이 필요합니다. 운을 부르는 사람은 무리하지 않습니다. 타이밍이 무르익지 않았을 때 먼저 움직이면, 좋은 기회도 그저 스쳐 지나갑니다. 때로는 기다림이 최고의 전략이고, 멈춤이 더 큰 속도를 준비하는 전환점이 됩니다. 조급한 움직임은 흐름을 깨고, 좋은 기운조차 밀어내는 결과를 낳습니다.

이런 '기다림의 미학'은 단순한 인내심이 아니라, 타이밍을 감지하는 고도의 감각입니다. 주역에서 말하는 '시중(時中)'은 바로 그 감각을 말합니다. 시중은 '때에 맞는 중심을 지킨다'는 뜻입니다. 이는 아무 때나 움직이지 않고, 변화의 흐름 안에서 중심을 놓치지 않으며, 가장 자연스럽고 조화로운 타이밍에 반응하는 삶의 태도입니다. 시중의 정신은 억지로 흐름을 바꾸기보다 흐름 안에서 길을 찾는 지혜이며, 이것이 곧 운과 통하는 태도입니다.

64괘 중 시중의 정신과 가장 닮은 괘는 풍지관(風地觀)입니다. 관괘(䷓)는 높은 곳에서 아래를 내려다보며 '관찰하고 살피는 자세'를 뜻합니다. 이 괘는 성급하게 판단하거나 서두르기보다, 전체의 흐름을 고요히 관조하고 때가 무르익기를 기다리는 태도를 강조합니다. 운이 오는 시점을 관망하고, 준비된 자로서 차분히 맞이하라는 메시지를 담고 있습니다.

결국 운은 기다리는 자에게 옵니다. 그러나 아무 준비 없는 기다림은 허망함이고, 시중의 태도로 흐름을 읽고 때를 기다리는 자에게만 운은 자신의 모습을 드러냅니다.

그리고 마지막으로, 사기 원칙을 고요하게 지켜내야 합니다. 외부의 유혹이나 급등락의 소용돌이 속에서도 흔들리지 않고 자신의 기준을 지키는 사람에게 운은 다시 발걸음을 돌립니다. 여기서 말하는 '원칙'이란 거창한 철학만을 의미하지 않습니다. 그것은 곧 '약속을 지키는 태도'에서 출발합니다. 자기 자신과의 약속, 타인과의 약속, 심지어 사소한 약속일지라도 소중히 여기고 끝까지 지키려는 노력이 바로 운을 불러들이는 힘입니다.

약속을 지키는 사람은 신뢰를 얻고, 신뢰는 곧 운의 입구가 됩니다. 만약 부득이하게 약속을 지키지 못할 상황이라면, 미리 진심을 담아 양해를 구하고, 상대에게 폐를 끼치지 않도록 배려하는 태도가 중요합니다. 이는 단순한 예의가 아니라 '운의 예절'이기도 합니다.

또한 빈말을 하지 않는 것도 중요한 원칙입니다. 아무리 가벼운 술자리에서라도 자신이 했던 말에 책임을 지는 자세, 함께 하기로 했던 약속을 기억하고 행동으로 실천하는 태도는 운의 파장을 맑고 단단하게 만듭니다. 주변 사람들은 그 사람에게 '말이 곧 신뢰'라는 인식을 갖게 되고, 이는 곧 귀인이 머무는 기반이 됩니다.

여기서 말하는 '귀인'은 단순히 도움을 주는 사람이 아닙니다. 귀인은 내가 필요로 할 때, 정확한 순간에 나타나 인생의 전환점을 만들어주는 존재입니다. 어떤 이는 자본을 지원해주는 투자자일 수도 있고, 어떤 이는 말 한마디로 생각의 방향을 바꿔주는 조언자일 수도 있습니다. 귀인은 스스로 만들어내는 것이 아니라, 내가 쌓은 태도와 품격에 따라 자연스럽게 끌려오는 인연입니다.

귀인은 말이 통하고 마음이 통하는 사람에게 다가옵니다. 특히 약속을 잘 지키고, 말에 무게가 있으며, 타인을 배려할 줄 아는 사람은 귀인의 마음에 오래 남습니다. 귀인은 '신뢰의 기운'이 깃든 사람 곁에 머무르며, 그러한 사람에게 또 다른 운을 연결시켜주는 매개가 됩니다. 결국 귀인이 머무는 사람은, 그 자체로 하나의 운의 중심이 되는 것입니다.

귀인을 곁에 둔다는 것은 단순히 도움을 받는 것을 의미하지 않습니다. 귀인과 함께 시간을 보내는 것만으로도 우리는 큰 영감을 얻고, 보이지 않던 가능성을 보게 되며, 스스로의 삶의 궤도를 바로잡을 수 있습니다. 귀인의 말투, 표정, 사고방식, 문제를 대하는 태도는 일종의 거울이 되어 우리를 성장시키고, 더 나은 방향으로 이끌어줍니다.

경제적인 이해관계가 없어도, 함께 식사하고 대화하고 경험을 나누는 그 시간 자체가 하나의 '운의 장(場)'이 됩니다. 이런 만남은 우연처럼 다가오지만, 사실은 내가 만들어 온 태도와 인품이 끌어당긴 필연입니다. 귀인과의 시간은 말 그대로 '운이 나를 다듬는 시간'이며, 그런 시간들이 쌓여 마침내 나 자신이 누군가의 귀인이 되는 순간을 준비하게 해줍니다.

단기적 이익보다 장기적 일관성을 선택하는 사람, 쉽게 흔들리지 않고 깊이 있는 결정을 내리는 사람, 바로 그런 사람이 운을 품고 살아가는 사람입니다. 그 일관성 속에 운은 깊이 스며듭니다.

험난한 시장에서 흔들리지 않기 위해서는 단단한 철학이 필요합니다. 그 철학은 '운을 대하는 태도'에서 비롯되고, 평소의 말과 행동, 관계에 임하는 자세 속에 고스란히 녹아 있습니다. 운은 우연히 오는 듯 보이지만, 실제로는 태도와 품격이 부르는 손님입니다.

운은 마음이 안정된 사람을 좋아합니다. 조급하지 않고, 흐름을 신뢰하며, 스스로의 리듬을 잃지 않는 사람에게 운은 더 오래 머뭅니다. 그는 기회가 와도 서두르지 않고, 놓쳐도 낙담하지 않으며, 무엇보다 기회를 대하는 자세에 품위가 있습니다.

이런 사람이 투자에서 성공하는 이유는 단순한 기술 때문이 아닙니다. 그가 '무엇을 하느냐'보다 '어떻게 존재하느냐'가 그 모든 결과를 만들기 때문입니다. 운을 관리한다는 것은 곧 삶을 정돈한다는 것이며, 시장을 이긴다는 것은 결국 자기 자신을 이긴다는 뜻입니다.

그래서 투자는 단지 기술의 문제가 아니라 '삶의 태도'입니다. 어떤 사람이 되느냐에 따라 어떤 투자자가 될 것인가가 결정됩니다. 주체성을 가진 사람만이 흔들리지 않으며, 경제적 자유는 단순한 부의 축적이 아니라 '흔들리지 않는 마음'에서 비롯됩니다.

Key message

....

- 운은 하늘에서 떨어지는 것이 아니라, 반복과 준비 속에서 발견되는 흐름의 파동이다.

- 운은 감각이 아니라 시스템으로 맞이해야 한다. 준비된 자만이 운을 기회로 바꾼다.

- 운을 믿는 사람은 결국 준비한다. 준비하는 사람은 흔들리지 않는다.

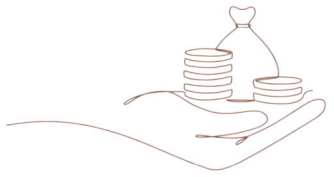

제12장

마음이 운을 만든다
– 부자의 운을 부르는 태도와
주역의 지혜

"기회는 준비된 사람에게만 보인다."

- 오프라 윈프리

부자가 된다는 것은 단순히 돈을 많이 버는 일이 아닙니다. 그것은 삶의 태도, 마음의 품격, 그리고 운을 부르는 습관이 어우러진 결과입니다. 이때 '품격'이라는 말은 단지 고상한 취향이나 겉치레가 아니라, 내면에서 우러나오는 존중의 태도와 질서 있는 삶의 방식을 뜻합니다.

품격 있는 사람은 타인을 존중합니다. 말투 하나, 표정 하나에도 예의와 배려가 담겨 있으며, 타인과 함께하는 자리에서도 자신의 존재감을 조용히 드러내며 분위기를 조율할 줄 압니다. 그는 불편함을 주지 않고, 오히려 주변을 편안하게 만들어 줍니다.

옷차림 역시 품격의 중요한 부분입니다. 비싼 옷을 입는 것이 아니라, 상황에 맞는 단정한 복장을 선택하고, 자신의 역할에 어울리는 격식을 갖추는 태도가 중요합니다. 이는 자기 자신을 존중하는 동시에 타인에게 불편함을 주지 않으려는 배려이기도 합니다.

더 나아가, 품격 있는 사람은 이해관계가 없는 사람에게도 예의를 잃지 않습니다. 자신에게 직접적인 도움이 되지 않는 이들에게도 공손하게 대하고, 줄 것이 없어 보이는 이들에게도 따뜻한 미소와 배려를 아끼지 않습니다. 그 품격은 계산 너머의 여백에 머무르며, 삶을 더욱 깊고 따뜻하게 만듭니다.

진짜 품격은 누가 보고 있을 때보다, 아무도 보지 않을 때 드러나는 태도에 있습니다. 그들은 엘리베이터를 잡아주고, 줄을 양보하며, 이름 모를 사람에게도 존댓말을 씁니다. 자신보다 약한 존재에게는 고운 눈빛을 보내며, 그 존재만으로도 주변의 공기를 정화시키고 운이 머무는 장소를 만들어냅니다.

돈은 그 자체로 목적이 아니라, 삶의 방향과 질서를 드러내는 하나의 지표입니다. 부자의 운을 얻기 위해서는 그에 어울리는 '마음의 그릇'과, 그것을 표현하는 '품격 있는 태도'를 먼저 갖추어야 합니다.

진정한 부자는 단순히 돈이 많은 사람이 아닙니다. 그는 돈이 있으되 교만하지 않고 겸손하며, 마음의 넉넉함과 행동의 절제, 겉모습의 단정함까지 갖춘 사람입니다. 말 한마디에도 따뜻함이 배어 있으며, 어느 자리에서든 자연스럽게 품위를 지키고, 타인을 배려하는 데 주저함이 없습니다. 돈은 그에게 있어 부의 일부일 뿐이며, 그의 진짜 가치는 삶 전체에 깃든 '품격'에서 드러납니다.

부자의 운은 넉넉한 마음에서 시작됩니다. 궁핍한 마음은 늘 부족함을 계산하고 남과 비교하며 조급함 속에서 스스로를 소모시킵니다. 반면, 마음이 여유로운 사람은 작은 것에도 감사하고, 받는 것보다 주는 데서 기쁨을 찾습니다. 이러한 넉넉한 마음은 주변에 신뢰와 온기를 불러일으키고, 결국 더 크고 선한 흐름으로 자신에게 돌아옵니다.

부자의 운을 부르는 사람은 일관된 행동을 합니다. 작은 약속을 소중히 여기며, 말과 행동이 일치하고, 시간이 오래 걸려도 원칙을 저버리지 않습니다. 그에게 돈은 단순한 수단이 아니라, 인격과 품성의 확장입니다. 그는 투자할 때도 사람을 보고, 쓸 때도 가치를 생각하며, 벌 때도 신의를 잃지 않습니다. 돈의 흐름은 곧 삶의 철학을 따라 움직입니다.

김승호 회장은 『돈의 속성』에서 돈을 다루는 능력을 네 가지로 돈을 버는 능력, 돈을 모으는 능력, 돈을 쓰는 능력, 돈을 불리는 능력을 말했습니다. 이 네 가지는 각각 별개의 기술이지만, 부자의 운을 지닌 사람은 이를 균형 있게 익히고 실천합니다.

돈을 버는 능력은 노력과 창의, 집중력에서 나옵니다. 이들은 한 번에 큰돈을 벌기보다, 자신의 역량을 끊임없이 발전시키며 '작지만 확실한 성과'를 꾸준히 쌓습니다. 예를 들어, 월급 외에도 자기만의 기술로 소소한 수입을 만드는 사람은 이미 버는 능력을 확장하고 있는 셈입니다.

돈을 모으는 능력은 절제력과 인내심에서 비롯됩니다. 소비의 유혹을 이겨내고 계획적으로 자산을 축적할 수 있는 사람은 부자의 씨앗을 품고 있는 셈입니다. 겉으로 화려하지 않아도, 내부적으로는 탄탄한 재정 구조를 지닌 사람입니다.

돈을 쓰는 능력은 품격과 가치관을 드러냅니다. 단순히 아끼는 것이 아니라, 꼭 필요한 곳에 제대로 쓰는 태도입니다. 예를 들어, 가족의 건강이나 자기계발, 주변 사람들을 위한 작은 선물에 아낌없이 쓰는 것은 '가치의 순환'을 실천하는 모습입니다.

돈을 불리는 능력은 보는 눈과 긴 호흡, 리스크를 감내하는 내공에서 비롯됩니다. 이들은 단기 수익에 흔들리지 않고, 작게 시작해 차근차근 불려가는 구조를 만듭니다. 복리의 철학을 이해하고, 조급함 대신 신뢰와 원칙을 기반으로 자산을 키워갑니다.

이 네 가지 능력은 단순한 재테크 기술이 아니라, 결국 한 사람의 태도와 품성에서 비롯됩니다. 그리고 그런 사람에게 운은 조용히, 그러나 강하게 스며듭니다.

또한 부자의 운을 지닌 사람은, 운이 자신만을 위한 것이 아님을 압니다. 그는 번 돈으로 가족을 지키고, 공동체를 돌보며, 더 큰 선순환을 만들어냅니다. 돈이 그를 통해 흐를수록, 운은 더욱 강하게 확장됩니다. '주려는 마음'이 진정한 부자의 운을 불러오는 것입니다.

이러한 삶의 태도는 주역의 제11괘 '지천태(地天泰)'와 깊이 연결됩니다. 지천태는 '하늘의 기운이 땅으로 내려오고, 땅의 기운이 하늘로 올라가 조화를 이루는 상태'를 상징합니다. 이는 단순한 안정이 아니라, 위와 아래가 서로 통하며, 상호 존중과 소통이 실현되는 이상적 균형의 상태입니다.

지천태는 세상과 인간, 부자와 서민, 주는 자와 받는 자가 각자의 역할을 다하며 조화를 이루는 '평화로운 번영'의 괘입니다. 부자의 운도 마찬가지입니다. 위로 오르기만을 탐하는 것이 아니라, 자신보다 아래 있는 이들을 돌아보는 배려, 받은 것을 다시 나누는 순환의 태도에서 진정한 운의 확장이 시작됩니다.

이 괘를 마음에 품은 사람은 부를 쌓는 과정에서도 균형을 잃지 않으며, 자신만의 질서 속에서 세상과 조화롭게 공존하려 합니다. 지천태는 물질적 풍요를 넘어, 마음의 품격과 사회적 책임이 어우러질 때 비로소 완성되는 '조화로운 부의 상태'를 뜻합니다.

또한 제37괘 '풍화가인(風火家人)'도 중요합니다. 이 괘는 '집안을 다스리는 것'을 의미하며, 돈을 다루는 태도와 삶의 질서를 상징합니다. 가인의 정신은 가정과 조직의 안정 속에서 운이 머무는 터전을 만드는 지혜를 전합니다.

풍화가인은 단순히 가족 간 화목을 말하는 것이 아니라, 내면과 외면 모두에 질서를 세우는 삶의 태도를 강조합니다. 이 괘에서 '가정'은 한 사람의 삶 전체를 상징하며, 부를 다루는 품격은 가장 가까운 일상에서 시험받습니다. 식사 자리에서의 태도, 아침을 맞이하는 방식, 갈등을 대하는 자세, 돈을 벌고 쓰고 나누는 태도 등 이 모든 것이 운의 터전을 이루는 밑바탕입니다.

부자의 운은 자신을 귀히 여기는 마음에서 완성됩니다. 자존감을 지니고, 자신에게 진심 어린 칭찬을 아끼지 않으며, 자신의 시간을 소중히 여기는 사람은 자기 존재의 가치를 높이는 사람입니다. 그런 이에게 돈은 따라오고, 운은 멀어지지 않습니다.

마지막으로 필자가 중요하게 생각하는 부분에 대해서 반드시 짚고 넘어가야 할 점이 있습니다. 빨리 부자가 되고 싶다는 조급한 마음은 오히려 운을 밀어내는 독이 될 수 있다는 사실입니다. 돈을 빨리 벌고 싶다는 욕망은 판단을 흐리게 만들고, 수익률이 높아 보이는 유혹에 휘말리게 하며, 결국 사기나 손실로 이어지는 경우가 많습니다. 단기간에 큰 수익을 얻은 사람도 결국 조급함으로 인해 더 큰 위험에 노출되고, 벌었던 돈까지 모두 잃는 사례는 주변에서 흔히 볼 수 있습니다.

필자의 아버지가 오랜 세월 사업을 해오셨고, 덕분에 많은 사업가들을 가까이서 지켜보며 성장했습니다. 처음엔 누구보다 부유해 보였던 사람이 시간이 지나면서 사업이 무너지고, 가족이 흩어지며, 인생 전체가 무너지는 경우도 적지 않았습니다. 반면, 오랜 시간 동안 조용히 자기 길을 걸으며 한 걸음씩 올라간 사람은 지금도 건재하며, 주변에 좋은 영향력을 미치고 있습니다.

김승호 회장은 『돈의 속성』에서 이렇게 말합니다. "빨리 부자가 되려는 마음의 본질은 비교와 과시에 있다." 이는 결국 다른 사람보다 빨리 앞서고 싶고, 남과 비교해서 나를 더 돋보이게 하고 싶은 마음이 조급함을 부르고, 그 조급함이 불운을 불러온다는 뜻입니다. 높은 계단은 한 걸음에 오를 수 없습니다. 부는 반드시 한 계단 한 계단, 내 안의 질서와 함께 쌓아가야만 진짜 내 것이 됩니다.

Key message

- 당신이 투자에서 흔들리는 건 정보 부족이 아니라, 마음의 불안 때문이다.

- 운이란 마음의 상태가 시장과 어떻게 연결되어 있는지를 보여주는 '거울'이다.

- 투자는 마음을 다스리는 일이고, 마음이 곧 당신의 운명을 이끌어가는 방향타다.

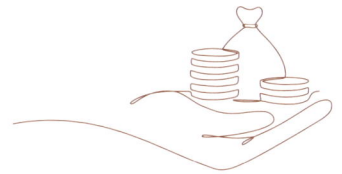

제13장

조심과 겸손의 품격
– 살얼음 위를 걷듯,
삶을 다루는 자세

손즉유복 (遜則有福)

"겸손하면 복이 있다.
타인을 배려하고 스스로를 낮추는 태도는
결국 복과 운을 불러온다"

-주역 제15괘 謙(겸괘)의 중심 사상

세상은 매 순간 우리를 시험합니다. 그 시험에서 이기는 사람은 크게 나서기보다, 작게 엎드릴 줄 아는 사람입니다.

운이 머무는 자리는 언제나 조용합니다. 번쩍이는 말보다 묵직한 침묵이, 크고 요란한 몸짓보다 단정한 태도가 운의 기운을 끌어당깁니다. 조심성과 겸손은 단순한 덕목이 아니라, 운을 오래도록 붙잡아두는 내면의 구조입니다. 그것은 살얼음 위를 걷듯 조심스럽게 자신을 다루는 태도이며, 남을 함부로 판단하지 않고, 모든 순간에 '내가 틀릴 수도 있다'는 마음으로 임하는 자세입니다.

겸손한 사람은 스스로를 과장하지 않고, 자신의 앎보다 더 넓은 세상이 존재함을 아는 사람입니다. 그는 아는 것을 자랑하지 않고, 모르는 것을 부끄러워하지 않습니다. 자신이 옳다고 믿는 순간에도, 타인의 말에 귀 기울일 줄 알고, 배움 앞에서 무릎 꿇을 줄 아는 사람. 그런 사람에게 운은 조용히 다가와, 그를 중심으로 세상의 흐름을 바꿔놓습니다.

실제로 수백 명, 수천 명의 직원을 이끄는 창업주들 중 장기적으로 성공하는 이들의 공통점은 바로 이 지점에 있습니다. 그들은 윗사람에게만 잘하는 사람이 아니라, 직원 한 사람 한 사람의 말을 경청하고, 사소한 말에도 의미를 새기며, 자신보다 약자의 입장을 깊이 배려합니다. 거래처의 을에 해당하는 납품업체의 직원, 작은 회사의 대표에게도 따뜻한 말과 예의를 잃지 않으며, 어떤 상황에서도 인간적인 존중을 잊지 않습니다.

겸손이란 위계 속에서의 예절이 아니라, 모든 관계 속에서의 태도입니다. 진짜 겸손한 사람은 자신에게 직접적인 이득이 없는 사람에게도 품격 있게 대합니다. 그런 태도야말로 운이 머무는 기초가 되며, 결국 그의 조직과 관계, 그리고 삶 전체를 조화롭게 이끄는 원동력이 됩니다.

반대로, 겸손을 잃은 사람은 늘 어딘가에 균열을 남깁니다. 성공은 커졌지만 마음은 작아지고, 말은 커졌지만 신중함은 사라지고, 영향력은 넓어졌지만 영향력의 무게를 감당할 품격은 갖추지 못합니다. 결국 겸손이 무너지면 운도 함께 무너집니다.

흔히 우리는 너무 잘 나가는 사업가나 연예인이 한순간에 무너지는 장면을 목격하곤 합니다. 이는 단지 외부의 실패 때문이 아니라, 그 위치에서 요구하는 무게와 품격을 스스로 감당하지 못했기 때문입니다. 독자 여러분도 주위에서 그런 예를 보셨을 것입니다. 한때는 모든 것을 가진 듯 보였던 사람이 어느 순간 외면당하고, 무너지고, 사람들의 기억 속에서조차 사라지는 모습을. 겸손은 단지 겸허한 자세가 아니라, 내가 감당할 수 있는 위치를 스스로 관리하는 품격의 기술입니다. 그것이 무너질 때, 함께 무너지는 것은 명예이자 운이며, 결국은 삶 그 자체입니다.

진짜 강한 사람은 겉으로 드러나지 않습니다. 말수는 적지만 단단한 메시지를 품고 있고, 약속은 적지만 그 하나를 지키기 위해 자신을 갈고닦습니다. 조심성은 그의 언어와 태도에 배어 있으며, 겸손함은 눈빛과 손끝의 작은 배려 속에서 드러납니다.

이런 삶의 본보기를 주역에서는 제15괘 '지산겸(地山謙)'이라 부릅니다. 땅 아래에 산이 있는 형상. 산은 높지만 땅 밑에 자신을 숨기며, 겉으로 드러나지 않음으로써 오히려 더 위대해지는 상징입니다. 겸손은 결핍이 아니라, 이미 채워진 사람이 스스로를 낮추는 용기입니다. '겸손은 비움이 아니라, 가득 채운 다음 낮추는 것'이라는 주역의 메시지는 곧 내면의 중심을 가진 사람만이 실천할 수 있는 깊이입니다.

특히 40대, 50대를 살아가는 이들에게 이 겸손은 더욱 값진 지혜입니다. 사회적 성취와 경험이 쌓일수록, 말 한마디, 행동 하나에 무게가 실리고, 영향력 또한 커지기 마련입니다. 이럴 때일수록 더 조용히 듣고, 더 천천히 말하고,

더 낮게 몸을 숙일 수 있어야 합니다. 이는 자신의 위상을 낮추는 것이 아니라, 그 무게를 더욱 단단히 감싸는 방식입니다.

요즘은 SNS를 통해 누구와 무엇을 했는지를 과시처럼 드러내는 문화가 만연합니다. 하루의 일상, 식사, 만남, 여행까지도 마치 삶의 증명서처럼 '보여주기 위한 정보'로 채워집니다. 하지만 진정한 겸손은 말하지 않아도 전해지는 향기이며, 보여주지 않아도 느껴지는 무게입니다. 보이지 않는 곳에서도 같은 품격을 유지하는 사람, 자신을 자랑하지 않아도 빛이 나는 사람, 그런 사람이야말로 진짜 운이 머무는 사람입니다.

겸손은 일상의 작은 습관에서 자라납니다. 아랫사람의 말에 귀 기울이고, 낯선 사람에게도 따뜻한 인사를 건네며, 도움을 받으면 정중히 감사의 뜻을 전하는 것. 식사 자리에서는 뒤늦게 도착한 이를 먼저 챙기고, 회의에서는 요란한 주장이 아니라 고요한 정리를 남기는 사람. 이런 사람이야말로 말 없는 무게감으로 공동체를 이끌고, 그 자리에 운이 머무르게 합니다.

겸손은 나를 작게 만드는 미덕이 아니라, 나를 오래도록 의미 있게 만드는 구조입니다. 나를 낮추는 것이 아니라,

나의 존재를 더 깊이 있게 드러내는 방식입니다. 운은 이런 사람의 곁에 머무르며, 그 사람을 통해 또 다른 운을 불러옵니다.

지산겸의 가르침은 오늘날 우리가 놓치기 쉬운 삶의 품격을 다시 북극성처럼 가리켜줍니다. 그 빛은 강하지 않지만, 결코 흔들리지 않고, 언제나 제 자리에 서서 방향을 알려줍니다.

Key message

· ·

- 무너지지 않으려면, 언제든 무너질 수 있다는 사실을 잊지 말아야 한다.

- 겉으론 아무 일도 없는 듯 보일지라도, 삶의 본질은 항상 긴장과 균형 위에 있다.

- 무거운 짐을 이기는 건 힘이 아니라 중심이다.

제14장

절제의 품격

과언유손(寡言有孫)

"말을 적게 하면 후회가 없다.
말이 적은 사람은 실수가 적고,
말이 적을수록 덕이 깊어진다."

말은 칼보다 날카롭고, 침묵은 칼보다 무겁습니다. 운이 머무는 사람은 불필요한 말로 자신을 드러내지 않습니다. 오히려 운은 침묵 속에서 자라나고, 절제 속에서 머뭅니다. 절제는 행동을 줄이는 것이 아니라, 마음의 흐름을 단정하게 가다듬는 일입니다.

우리는 많은 말을 하고 있지만, 실은 많은 말을 하지 않아도 되는 세상에 살고 있습니다. 매 순간 반응하고, 증명하고, 말하지 않으면 뒤처지는 듯한 분위기 속에서, 진짜 중요한 것은 오히려 '하지 않는 말'입니다. 때로는 침묵이 가장 깊은 설득이 되며, 절제가 가장 품위 있는 언어가 됩니다.

진짜 절제 있는 사람은 감정이 격할 때 말을 아끼고, 누군가의 실수를 보았을 때 말하지 않으며, 알고 있는 것을 굳이 드러내지 않습니다. 그는 필요한 말을 골라 내고, 더 많은 말을 삼킵니다. 그렇게 삼킨 말의 무게가 결국 그의 존재를 너 깊고 단단하게 만듭니다.

일본의 철학자 미즈노 남보쿠는 『절제의 성공학』에서 이렇게 말합니다. "절제하지 못하는 사람은 스스로를 다스릴 줄 모르는 사람이다. 특히 먹는 것을 절제하지 못하는 사람은 결국 돈도, 말도, 감정도 절제하지 못하게 된다."

또한 말 뿐만 아니라 먹는 것의 절제는 곧 나를 다스리는 연습입니다. 한 끼 식사 앞에서 지나친 욕심을 내려놓는 태도는 단순한 식습관이 아니라, 삶을 대하는 품격입니다. 음식을 천천히 음미하며 감사의 마음으로 받아들이는 자세, 배부름과 만족의 차이를 아는 감각, 필요 이상으로 담지 않고 남기지 않는 책임감은 모두 절제의 실천입니다. 식탁 위의 절제는 결국 내 안의 균형을 반영합니다.

성공한 이들 중에는 식사 앞에서 소박하고 절도 있는 태도를 잃지 않는 사람들이 많습니다. 과식하지 않고, 음식을 남기지 않으며, 식사 시간을 지나치게 요란하게 만들지 않습니다. 남에게 보여주기 위한 식사가 아니라, 나를 위한 온전한 시간으로 마주합니다. 이는 단지 입을 채우는 행위가 아니라, 마음을 정돈하는 의식입니다.

음식 앞에서 절제할 줄 아는 사람은 돈 앞에서도 과하지 않으며, 말 앞에서도 조용하고, 감정 앞에서도 담담합니다. 먹는 것이란 인간의 가장 본능적인 행위이기에, 그 본능을 조율할 수 있는 사람이야말로 삶 전체를 단단히 이끌 수 있는 사람입니다.

절제는 '먹는 것'에서 시작되지만, 거기서 끝나지 않습니다. 절제의 또 다른 축은 시간에 있습니다. 시간은 누구에게나 공평하게 주어지지만, 그것을 어떻게 사용하는지는 전적으로 각자의 품격에 달려 있습니다.

시간을 절제한다는 것은 단순히 바쁘게 움직이는 것이 아니라, 하루를 의미 있게 구성하는 내면의 감각을 말합니다. 중요한 일과 중요해 보이는 일, 지금 해야 할 일과 지금 하지 않아도 될 일을 구분할 수 있는 사람. 그런 사람은 남이 만든 급함에 휘둘리지 않으며, 침착한 중심을 유지한 채 하루를 살아갑니다.

그는 아침을 일찍 열고, 의미 있는 루틴을 지키며, 한 줄의 독서, 한 모금의 차, 짧은 산책 같은 작은 의식을 소홀히 하지 않습니다. 불필요한 약속을 줄이고, 쉴 때는 깊이 쉬며, 일할 때는 오롯이 집중합니다. 하루라는 캔버스를 정갈하게 채워 나가는 그의 삶은 소란하지 않지만, 그 안에는 단단한 결이 있습니다.

이처럼 시간을 절제할 줄 아는 사람의 하루는 겉으로 보기에는 평범해 보이지만, 내면에서는 아주 깊고 단단하게 축적됩니다. 하루가 모여 인생이 되듯, 그런 사람의 인생은 결코 허투루 흐르지 않습니다.

그리고 마지막으로, 절제의 가장 섬세하고도 어려운 영역은 감정입니다. 감정의 절제란 억누름이 아닙니다. 그것은 마치 흐르는 물의 결을 따라가듯, 내면의 파동을 인지하고 조율하는 능력입니다. 감정이란 강은 누구에게나 존재하지만, 그 흐름에 떠밀릴지, 노를 잡고 방향을 정할지는 전적으로 자신에게 달려 있습니다.

분노가 솟구칠 때, 말을 삼키고 잠시 고요히 눈을 감는 사람. 실망이 가슴을 누를 때, 깊은 호흡과 함께 혼자 걸으며 마음을 정돈할 줄 아는 사람. 기쁨이 지나치게 클 때조차도 자만이 아닌 감사로 마음을 다스리는 사람. 이런 이들은 감정의 소용돌이 속에서도 중심을 잃지 않으며, 외부의 충동에 휘둘리기보다 내면의 나침반을 따라 갑니다.

감정의 절제를 잘하는 사람은 관계에서도 조화롭습니다. 그의 말에는 날이 없고, 눈빛에는 따뜻함이 배어 있으며, 갈등이 생겨도 공격 대신 이해의 문을 두드립니다. 그는 감정의 파도에 휩쓸리기보다, 그 너머에서 사람을 바라보고 상황을 수용할 줄 압니다. 그런 사람 곁에는 신뢰가 자연스럽게 자라고, 그 관계는 억지스러운 연결이 아니라 마치 운처럼 가볍고 단단하게 이어집니다.

절제는 특정한 행동을 참는 것이 아니라, 삶 전체를 다루는 태도입니다. 먹는 것, 시간을 쓰는 것, 감정을 다루는 것. 이 세 가지를 조율할 줄 아는 사람은 소란스러운 세상

속에서도 고요한 품격을 지닙니다.

절제는 자신을 지키는 울타리입니다. 반응하지 않아야 할 때 반응하지 않고, 꼭 나서야 할 때에만 조용히 걸어 나가는 사람. 그런 사람에게는 신뢰가 쌓이고, 말보다 큰 울림이 남습니다. 그는 말이 아니라 행동으로, 설명이 아니라 존재감으로, 자신을 드러냅니다.

주역의 제61괘 '풍택중부(風澤中孚)'는 말보다 마음이 앞서야 진실이 전해진다고 가르칩니다. 진심이 담긴 사람은 불필요한 수사를 덜어내고, 말을 줄이되 울림은 깊어집니다. 이 괘는 겉보다 속이 단단해야 하며, 말보다 믿음이 앞서야 한다는 삶의 질서를 담고 있습니다.

풍택중부는 내면에 진실을 품은 사람의 형상을 나타냅니다. 말 없이도 신뢰를 얻는 사람, 설명하지 않아도 존재로 증명되는 사람. 그가 전하는 것은 언어의 조각이 아니라, 마음의 진동입니다. 이런 사람은 침묵 속에서도 신뢰를 쌓고, 조용한 태도로 주변을 정화하며, 말이 아닌 '존재 그 자체'로 존중을 이끌어냅니다.

그리하여 절제란 단지 말을 아끼는 것이 아니라, 마음의 진실을 가꾸는 일이며, 결국은 그 진실이 세상과 사람에게 자연스레 스며드는 과정입니다.

절제는 곧 깊이 있는 품격입니다. 그리고 품격은 운을

불러오고, 운은 절제된 사람에게 더 오래 머뭅니다.

Key message

....

- 절제는 감정을 억누르는 것이 아니라, 감정을 다루는 방식이다.

- 절제할 수 있는 사람만이, 자신의 삶을 '고르고 깊게' 지속시킬 수 있다.

- 절제가 없는 투자는 결국 한순간의 이익을 위해 삶 전체를 거는 위험한 도박이 된다.

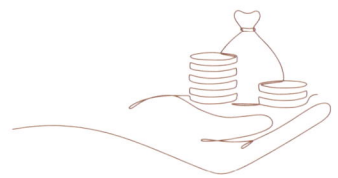

제15장

세상의 기준이 아닌, 나만의 해답을 빚어가는 삶

자강불식(自强不息)
"스스로를 강하게 하며 쉬지 않는다."

운이 오래 머무는 사람은 특별한 기술을 가진 이가 아닙니다. 그는 단지 중심을 잃지 않는 사람입니다. 세상이 흔들리고, 타인의 말이 요란하게 들려오고, 유혹이 사방에서 손짓할 때도 한결같은 기준으로 자신을 다스리는 사람입니다. 그 중심이란 무엇일까요? 그것은 삶을 대하는 태도, 반복되는 선택 속에서 드러나는 일관성, 그리고 사소한 일에 깃든 진심입니다.

어찌 보면 필자는 이 책을 통해 같은 이야기를 계속 반복하고 있는지도 모르겠습니다. 그러나 투자든, 사업이든, 인간관계든 결국 성공의 방정식은 같은 원리에서 비롯된다고 믿습니다. 기준을 세우고, 그 기준을 지키는 것. 중심을 잡고, 흔들리지 않는 것. 이 단순하고도 본질적인 구조가 결국 모든 분야에서 운을 부르고, 운을 오래 머물게 하는 가장 강력한 메커니즘이라고 확신합니다.

요즘 우리는 빠르게 변하고, 쉽게 흔들리는 세상에 살고 있습니다. 어제의 정답이 오늘의 오답이 되기도 하고, 모두가 달려가던 길이 어느 순간 손가락질의 대상이 되기도 합니다. 이런 시대에 정말 중요한 것은 정답을 많이 아는 것이 아니라, 스스로 선택한 나만의 인생의 정답을 잃지 않는 것입니다. 중심이 있는 사람은 유행에 편승하지 않고, 비교에 흔들리지 않으며, 자신의 속도로 묵묵히 길을 걸어갑니다.

삶의 정답은 누군가가 정해주는 것이 아닙니다. 그것은 인생의 주인공인 '나' 스스로가 시간과 경험 속에서 치열하게 고민하며 조금씩 빚어낸 고유한 궤적입니다. 그 정답은 책에 쓰인 문장이나 타인의 조언에서 주어지는 것이 아니라, 나만의 질문과 선택, 실수와 성찰을 통해 만들어지는 것입니다. 어쩌면 우리는 인생이라는 커다란 질문지 앞에 각자 다른 방식으로 답을 써 내려가고 있는지도 모릅니다.

이러한 여정의 시작을 주역의 제3괘 준괘(屯)는 상징합니다. '준'이란 막 태어난 생명이 어두운 땅 속을 뚫고 나오려는 듯한 고통과 혼란의 상태입니다. 길은 열려 있지 않고, 기준은 흔들리며, 방향은 분명하지 않습니다. 그러나 바로 그 혼란 속에서 중심을 잃지 않고 한 걸음씩 나아가는 태도가 진짜 실력을 만듭니다. 준괘는 말합니다.

"시작의 어려움은 오히려 정당한 길로 들어서고 있다는 증거다. 중요한 것은 지금 나아가는 방향이다."

정해진 답이 없어 두려운 시기야말로 나만의 기준을 만들 수 있는 기회입니다. 정답은 주어지는 것이 아니라, 그 혼란 속에서 스스로 찾아가는 것입니다.

그리고 주역의 제24괘 복괘(復)는 이 여정의 또 다른 축을 말해줍니다. 복괘는 '되돌아옴', 즉 자기 본연의 자리로 귀환하는 것을 상징합니다. 세상의 소음에 휘둘리다 보면 자신을 잃기 쉽습니다. 타인의 기준을 좇다가 문득 허무함을 느끼는 순간, 우리는 다시 나의 자리로 돌아갈 필요가 있습니다. 복괘는 그 회귀의 시간, 내면으로 돌아가는 통찰의 계절입니다.

"복은 천지가 도는 법칙이요, 자연이 본래의 자리로 돌아가는 길이다."

진짜 중심이란, 거창한 외침 속이 아니라, 조용히 제자리로 돌아올 수 있는 용기속에 있습니다. 나의 속도, 나의 리듬, 나만의 기준을 다시 붙잡을 수 있는 사람은 어떤 상황 속에서도 스스로를 회복해냅니다.

삶의 정답이란 대단한 철학이 아닙니다. 그것은 오늘도 정해진 시간에 일어나고, 해야 할 일을 해내며, 누군가에게 예의 바르게 인사하는 것처럼 일상 속에 숨어 있는 태도입니다. 식사 시간을 지키고, 약속을 잊지 않으며, 작은 실수 앞에서도 책임을 지는 자세. 중심 있는 사람은 말보다 실천이 앞서고, 설명보다 행동이 선명합니다.

그러한 사람은 위기를 만났을 때도 크게 흔들리지 않습니다. 당황하거나 허둥대기보다, 상황을 직시하고 할 수 있는 일부터 조용히 시작합니다. 감정에 이끌리기보다 원칙을 따르고, 속도를 내기보다 방향을 먼저 생각합니다. 그렇기에 그의 선택은 시간이 지나도 유효하고, 그의 일상은 언제나 정갈하게 정리되어 있습니다.

준괘의 시작과 복괘의 회귀, 이 두 괘의 철학은 결국 같은 이야기를 하고 있습니다. 삶의 길은 혼돈 속에서 만들어지고, 혼란을 지나 돌아올 때 중심은 더욱 단단해진다는 것. 우리 삶의 기준은 밖에 있지 않습니다. 그것은 내가 땀 흘려 걸어온 길 위에, 묵묵히 되돌아온 마음 안에 있습니다.

Key message

∙∙

- 세상의 기준에 맞춰 살면, 결국 남의 삶을 대신 살아가게 된다.

- 자기 삶의 나침반을 갖고 있다는 건, 수익보다 더 중요한 '삶의 품격'이다.

- 삶에서 가장 두려운 실패는, 남의 기준으로 내 삶을 측정하는 것이다.

16장

자존감과 비교하지 않는 삶

수처작주(隨處作主)

" 어느 자리에서든 나의 주인이 된다는
이 말처럼, 중심이 있는 삶은
남의 기준이 아닌 나의 궤도로 완성된다."

"야 자랑하고 싶은 거 있으면 얼마든지 해. 난 괜찮어. 왜냐면 나는 부럽지가 않어. 한 개도 부럽지가 않어. 니가 가진 게 많겠니? 내가 가진 게 많겠니? 난 잘 모르겠지만 한번 우리가 이렇게 한번 머리를 맞대고 생각을 해보자고. 너한테 십만원이 있고 나한테 백만원이 있어. 그러면 상당히 너는 내가 부럽겠지. 짜증나겠지. 근데 입장을 한번 바꿔서 우리가 생각을 해보자고. 나는 과연 니 덕분에 행복할까? 내가 더 많이 가져서 만족할까? 아니지 세상에는 천만원을 가진 놈도 있지. 난 그놈을 부러워하는 거야. 짜증나는 거야. 누가 더 짜증날까 널까? 날까? 몰라. 나는 근데 세상에는 말이야, 부러움이란 거를 모르는 놈도 있거든. 그게 누구냐면 바로 나야…"

- 장기하의 '부럽지가 않어' 중에서

44회 청룡영화제에서 음악감독상을 수상한 가수 장기하님의 축하 무대를 보고, 필자는 마치 머리를 한 대 맞은 듯한 충격을 받았습니다. 예전에도 들어본 적이 있었지만 그 때 한참 자존감에 대한 생각과 고민을 하고 있을 당시에 그의 노래는 필자에게 상당히 큰 울림을 주었습니다. "나는 부럽지가 않어." 그 말은 단순한 유머나 허세가 아니라, 비교하지 않고 자신만의 기준으로 살아가는 태도의 선언처럼 느껴졌습니다. 세상이 들이대는 잣대에 흔들리지 않고, 자신을 있는 그대로 받아들이는 그 태도는 자존감의 본질을 고스란히 담고 있었습니다. 필자도 어느 순간부터 그 노래처럼, 다른 사람이 잘되어도 부럽기보다는 진심으로 축하해주고, 그저 주어진 나의 인생을 열심히 살자는 마음이 자연스럽게 자리 잡기 시작했습니다.

이런 마음가짐은 남을 바라보기보다 나의 걸음을 다듬고, 외부의 잣대보다는 내 삶의 결을 따르겠다는 다짐이 마음속에 스며든 것입니다. 그렇게 다른 사람과 비교하는 마음을 갖지 않게 되면서 필자가 하는 비지니스도 훨씬 더 잘 풀리는 느낌이 들고 평소에 마음도 한결 편안해진 것 같습니다. 오히려 필자가 하고 있는 일을 더욱 집중적으로 몰입할 수 있게 되었습니다. 또한 다른 사람과의 관계에서도 필자 본연의 모습을 있는 그대로 보여준다고 생각하고, 상대에게 진심을 담아 예의를 갖춰 대하니 인간관계 역시 훨씬 수월해졌습니다. 다른 사람들의 비위를 맞추기 위해서 눈치를 보기보다 나의 중심을 지키고, 타인으로부터 평가를 받기보다는 마음을 나누는 쪽으로 태도가 바뀌니, 관계는 더 깊어지고 유연해졌습니다.

자존감이란 스스로를 사랑하는 감정이라기보다, 스스로를 믿고 살아가는 태도입니다. 그것은 거창한 자기 확신이 아니라, 하루하루의 나를 온전히 받아들이는 담백한 힘에서 비롯됩니다. 요즘은 SNS와 미디어를 통해 타인의 성취가 실시간으로 쏟아지는 시대입니다. 누구는 어디서 무얼 먹었고, 누구는 해외 여행을 다니고, 누구는 어떤 곳에 투자해 얼마를 벌었고, 누구는 어떤 사업으로 대박이 났다는 이야기들이 끊임없이 우리의 마음을 흔들어 놓습니다. 문제는 그것이 '정보'가 아니라 '기준'이 되어버리는 데 있습니다. 남의 삶이 나의 기준이 되는 순간, 자존감은 침식됩니다.

비교는 가장 교묘하게 자존감을 무너뜨리는 감정입니다. '나도 저렇게 되어야 하는데'라는 말은 겉보기에 의욕처럼 보이지만, 속으로는 자신을 끊임없이 깎아내리는 독이 될 수 있습니다. 이 감정이 깊어지면 열등감이라는 그림자가 드리웁니다. 열등감은 단지 자신이 부족하다고 느끼는 것이 아니라, 스스로를 있는 그대로 받아들이지 못하는 데서 비롯됩니다.

KT에서 Enterprise 부문장을 맡고 있는 신수정님의 책 『일의 격』에서는 이렇게 말합니다. "명품을 가진 사람들은 더 비싼 명품 앞에서 열등감을 가지며, 고급차를 가진 사람들도 더 뛰어난 고급차 앞에서는 열등감을 가진다. 서울대 출신들도 과에 따라, 과 내에서도 집안 차이 등등으로 열등감 풍년이다. 난 명품, 좋은 와인, 좋은 집이나 차 등은 관심도 없고 구별도 못하니 다른 사람이 뭘 입던, 뭘 타던, 뭘 마시던 당당하다." 그리고 그는 말합니다. "이제 점점 진짜 자랑거리, 진짜 자부심을 가질 만한 것, 진짜 다른 사람에게 영향을 줄 수 있는 것은 '순위로 정할 수 없는', '자신만의 특별한 것'이다. '자신의 개성'이고 '자신의 취향'이며 '자신만의 자신감'이다."

이 문장에서 말하듯, 진짜 자존감은 다른 이의 기준을 좇는 데서가 아니라, 나만의 고유함을 자랑스럽게 여기는 태도에서 비롯됩니다. 물질은 언제나 더 많은 사람이 나타날 수 있지만, 나만이 지닌 고유한 감각과 마음은 비교 불가능한 가치이기 때문입니다.

열등감에 사로잡힌 사람은 타인의 성공을 응원하기보다 시기하고, 자신의 실수를 반성하기보다 숨기게 됩니다. 나보다 잘나 보이는 사람을 보면 작아지고, 나보다 못해 보이는 사람을 보며 안도하려 합니다. 그러나 이런 감정은 나를 성장시키는 것이 아니라, 끊임없이 외부 기준에 흔들리게 만들 뿐입니다.

자존감은 열등감을 이기는 유일한 힘입니다. 찰리 멍거는 "행복해지는 가장 확실한 방법은, 끊임없이 자신을 다른 사람과 비교하는 습관을 버리는 것이다"라고 말했습니다.

비교는 끝없는 결핍을 낳고, 자존감은 그 결핍의 사슬을 끊는 유일한 열쇠입니다.

  타인의 성공을 인정하면서도 자신의 가능성을 잃지 않는 마음, 그것이 자존감의 바탕입니다. 그리고 비교에서 파생되는 또 하나의 감정, 바로 질투는 자존감의 가장 큰 적이기도 합니다. 워렌 버핏은 말했습니다. "질투는 인간의 감정 중에서도 가장 어리석고, 가장 해로운 것이다. 질투는 당신을 한 치도 앞으로 나아가게 하지 않으면서도, 스스로를 갉아먹게 만든다." 질투는 타인의 성공이 곧 나의 실패인 것처럼 느끼게 하고, 그 감정은 자신에 대한 신뢰를 파괴합니다. 질투는 상대의 행복을 바라보는 눈을 흐리게 하고, 나의 삶에 집중해야 할 에너지를 외부의 성취를 쳐다보는 데 소모하게 만듭니다. 이 감정에 사로잡히면 우리는 점점 더 자신을 작게 만들고, 결국은 내 삶의 흐름마저 놓치게 됩니다. 그리고 여기서 더 나아가 중요한 것은, 다른 사람이 잘 되었을 때 진심으로, 정말 진심으로 마음 깊숙이 축하할 수 있는 마음가짐입니다. 그것은 단순한 매너나 의례적 표현이 아니라, 자존감이 건강하다는 가장 분명한 증거입니다. 타인의 성취를 진심으로 기뻐할 수 있는 사람만이 자신의 삶에도 깊은 믿음을 가지고 있다는 뜻입니다. 그런 마음은 시기의 독을 해독하고, 관계를 부드럽게 만들며, 내면의 품격을 조용히 키워냅니다.

진정한 자존감은 '나도 저렇게'가 아니라, '나는 이렇게'에서 시작됩니다. 있는 그대로의 나를 기준으로 삶을 꾸려가는 힘, 그것이 자존감의 본질입니다. 우리는 모두 각자의 속도로 살아가는 존재입니다. 누구는 이른 아침에 꽃을 피우고, 누구는 늦은 밤에 향기를 내뿜습니다. 중요한 건 얼마나 빨리 피느냐가 아니라, 얼마나 나답게 피어나는가입니다. 비교하지 않는 사람만이 진짜 자신의 속도를 찾을 수 있고, 그 속도에 맞춰 인생을 설계할 수 있습니다.

자존감은 외부에서 찾는 것이 아니라, 내가 나를 대하는 방식에서 자라납니다. 박경숙님의 책『문제는 무기력이다』에 소개된 내용 중, 필자가 깊이 감명받은 문장이 있습니다. "현존하는 프랑스 최고의 지성"이라는 수식어가 따라다니는 미래학자 자크 아탈리(Jacques Attali)는 그의 저서『살아남기 위하여』에서 자긍심의 원칙을 이렇게 말했습니다.

"우선 제대로 살고 싶다는 욕망을 지녀야 한다. 그러기 위해서는 자신에 대해 충분히 의식하고, 자신의 운명에 대해 중요성을 부여하며, 자신을 부끄러워하거나 증오해서는 안 된다. 자기 자신을 존중하며, 살아야 하는 이유를 찾고자 부단히 노력해야 하고 몸과 품행, 외모, 꿈의 실현에 뛰어나고자 하는 욕망을 품어야 한다. 그러려면 남에게 아무것도 기대하지 말고, 자신에 대해 정확히 정의내리기 위해 자신에게만 의지해야 한다. 자신의 본질이 무엇이든 위기 앞에서 공포에 사로잡히지 말고, 인정하고 싶지 않더라도 진실을 받아들여야 하며, 지나치게 낙관적이지도 비관적이지도 않은 미래의 주체가 되기를 바라야 할 것이다."

이 문장은 필자에게 너무나도 큰 울림을 주었습니다. 그 울림은 단지 책장을 넘기는 감상이 아니라, 삶의 태도를 다시 붙잡게 하는 깊은 울림이었습니다. 그래서 필자는 이 구절을 액자로 인쇄해 사무실 벽에 걸어두고, 자주 들여다보며 스스로를 다시 일으켜 세우곤 합니다. 비록 아직 가야 할 길이 남아 있더라도, 지금 이 순간의 나를 인정하고, 존중하며, 믿는 마음. 그 마음이 자존감의 씨앗이 되고, 결국 운의 뿌리가 됩니다. 자존감과 비교에 관해 주역의 가르침 속에서도 중요한 메시지를 발견할 수 있습니다. 그중 대표적인 괘가 바로 제22괘 산화비(山火賁)입니다. 이 괘는 '겉치장'을 뜻하지만, 동시에 그 치장을 넘어서 본질의 빛을 드러내야 한다는 교훈을 담고 있습니다. 겉모습의 비교와 과시가 아니라, 내면의 진실함이야말로 삶의 가치를 결정짓는다는 뜻입니다. 비교는 꾸밈을 불러오지만, 자존감은 '있는 그대로'의 나를 드러낼 수 있는 용기를 줍니다.

또 하나 주목할 괘는 제38괘 화택규(火澤睽)입니다. 이 괘는 '어긋남'과 '차이'를 상징하지만, 동시에 다름을 이해하고 조화하려는 노력을 강조합니다. 비교는 나와 남의 차이를 적대적으로 받아들이게 만들지만, 규괘는 그 차이를 '이해의 거리'로 바꾸는 지혜를 말합니다. 자존감이 있는 사람은 비교하지 않으며, 다름 속에서도 자신만의 길을 묵묵히 걸어갈 수 있는 내적 평온을 지닙니다.

이처럼 외부의 기준에 휘둘리지 않고, 나 자신의 결을 따르며 살아가는 것이 진정한 지혜임을 말합니다. 겉을 화려하게 치장하는 삶보다, 속을 단단히 세우는 사람이 결국 운을 부릅니다.

Key message

....

- 자존감이란 나 자신을 '잘났다고' 믿는 게 아니라, 그냥 이대로 괜찮다고 수긍하는 마음이다.

- 비교는 내 삶을 타인의 궤도에 올려놓는 일이다.

- 자존감 있는 투자자는 속도의 유혹이 아닌 방향의 기준으로 움직인다.

제17장

지금 이 삶을 누리는 힘
- 내게 주어진 삶은
그저 선물 그 자체이다

메멘토 모리(Memento Mori)
"죽음을 기억함으로써 지금 이 순간을 더 진지하게,
더 충실하게 살아가라"

우리는 종종 이런 말을 합니다. "조금 더 벌고 나면 행복해질 거야." "이 프로젝트만 끝나면 진짜 나를 위해 살 수 있어." 하지만 그 '조금 더'와 '끝나면'은 언제나 미뤄지기 마련입니다. 삶은 기다려주는 존재가 아닙니다. 내일의 행복을 기약하며 오늘을 버티는 것이 아니라, 지금 이 순간 속에서 기쁨을 찾는 사람에게만 삶은 미소를 건넵니다.

내게 주어진 삶은 완성된 무언가가 아니라, 매일 새롭게 열리는 선물입니다. 포장을 뜯어봐야 알 수 있고, 오늘의 감정, 오늘의 날씨, 오늘의 사람들로 구성된 유일한 조합입니다. 그 조합을 즐길 수 있는 감각이야말로 진짜 운이며, 삶의 격입니다. 돈을 더 번 후, 목표를 이룬 후, 뭔가가 안정된 후에야 행복할 수 있다는 믿음은, 인생의 본질을 자꾸 미래로 미루는 습관일 뿐입니다.

작은 커피 한 잔을 여유 있게 음미할 줄 아는 아침, 창밖의 하늘을 바라보며 감사하는 마음, 사랑하는 사람의 목소리를 듣는 저녁. 가족들과 함께 하는 소소한 외식, 이런 사소한 순간을 소중히 여길 줄 아는 사람만이, 큰 성공의 의미도 놓치지 않습니다. 성공은 결과가 아니라 태도이며, 삶을 바라보는 눈의 깊이에서 결정됩니다.

우리는 흔히 '소확행'이라는 단어로 작은 행복을 말하곤

합니다. 그러나 이 장에서 말하는 '소소한 행복'은 단지 당장 기분이 좋아지는 일시적인 만족감이 아니라, 일상의 평범함 속에서도 감사할 줄 아는 지속적인 마음의 태도를 의미합니다. '소확행'이 순간적인 기쁨의 조각이라면, '소소한 행복'은 삶 전체를 바라보는 시선과 감정의 습관입니다. 내게 있는 것, 지금 이 자리, 함께 있는 사람에 대한 충분한 인식과 감사가 바탕이 되어야만, 진짜 행복은 흘러가는 순간 안에 스며들 수 있습니다. 성공은 결과가 아니라 태도이며, 삶을 바라보는 눈의 깊이에서 결정됩니다.

삶에는 기쁨만 있는 것이 아닙니다. 아픔도 있고, 상실도 있고, 때로는 말할 수 없는 외로움도 있습니다. 그러나 그 모든 것조차 '살아 있음'의 증거입니다. 슬픔을 느낄 수 있기에 기쁨이 있고, 두려움을 알기에 용기가 생기며, 고통을 견뎌낸 자리에 비로소 감사가 피어납니다. 삶의 빛은 늘 어둠을 통과하며 더욱 선명해지는 법입니다.

우리는 언젠가 반드시 끝을 맞이합니다. 누구도 예외는 없습니다. "눈에 흙이 들어간다"는 말처럼, 죽음은 모든 인간에게 공평하게 주어진 마지막 순간입니다. 어떤 이는 그것을 두려움으로 여기고 외면하려 하지만, 죽음은 도망친다고 멀어지지 않고, 감춘다고 사라지지 않습니다. 오히려 죽음을 직면하고 성찰하는 사람만이 삶의 진짜 무게를 알게 됩니다.

　죽음을 자주 떠올린다는 것은 우울한 것이 아니라, 삶을 깊이 이해하고자 하는 태도입니다. 우리는 오늘이라는 시간을 '무한히 반복되는 하루'로 착각하지만, 실상은 다시 오지 않을 단 한 번의 날입니다. 그 하루의 끝에는 언제나 마지막이 올 수 있다는 사실을 기억할 때, 우리는 눈앞의 관계, 말, 순간을 훨씬 더 사랑스럽고 소중하게 바라보게 됩니다.

　죽음은 삶의 반대말이 아닙니다. 오히려 삶을 더욱 빛나게 만드는, 가장 정직한 거울입니다. 우리는 죽음을 알기에 오늘을 더 깊이 바라보게 되고, 순간을 더욱 진심으로 대하게 됩니다. 죽음은 삶의 끝이 아니라, 삶의 가치를 반사하는 투명한 렌즈와 같습니다. 그 렌즈를 통해 우리는 하루하루의 의미를 새기고, 사소한 선택들조차도 더 의연하게 마주할 수 있습니다.

　그 거울 앞에 섰을 때 우리는 묻게 됩니다. 나는 정말 나답게 살았는가? 오늘 하루는 내가 진심으로 살아낸 하루였는가? 만약 내일이 오지 않는다면, 오늘의 나는 스스로를 존중할 수 있는가? 죽음을 안다는 것은 두려움이 아니라,

삶의 빛을 온전히 감각할 수 있는 능력입니다. 그 사실을 안다는 것만으로도 오늘 하루가 얼마나 귀하고 찬란한지를 느낄 수 있게 됩니다. 죽음을 알기에 오늘이 더욱 가치 있고, 빛나는 것입니다.

그 질문에 부끄럽지 않도록 살기 위해 우리는 지금 이 순간에 온 마음을 담아야 합니다. 삶은 늘 마지막인 것처럼 살아야 처음처럼 소중해집니다. 죽음을 생각할 줄 아는 사람만이 '지금 여기'를 가장 풍요롭게 누릴 수 있습니다.

오늘을 미루지 마세요. 지금의 대화를, 지금의 식사, 지금의 만남을 소중히 여기세요. 내게 주어진 이 하루는 결코 당연하지 않습니다. 지금 이 순간이 바로, 살아 있다는 기적의 증거입니다.

Key message

....

- 인생은 수익이 아니라 순간의 진심으로 증명된다.

- 지금 이 삶을 사랑하지 못한다면, 어떤 미래도 진정으로 누릴 수 없다.

- 투자의 궁극은 미래의 수익이 아니라, 오늘을 주체적으로 살아가는 방식이다.

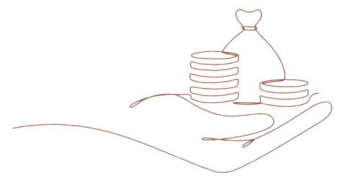

에필로그

이 책을 마무리하며, 저는 아직도 미완성된 여정 위에 서 있습니다. 정확히 말하자면, 이제 막 출발선에 다시 선 느낌입니다. 그동안 조심스럽게 걸어온 제 발자국 위에, 이 책이라는 작은 흔적 하나를 남기고 싶었습니다.

이 책은 과거의 저 자신에게는 위로를, 미래의 저에게는 다짐을 전하고 싶었습니다. 저는 꽤 오랜 시간 동안 실수도 많았고, 부끄러운 선택도 여러 번 했습니다. 때로는 감정에 휘둘리고, 때로는 두려움에 주저앉기도 했습니다. 그런 시간들 속에서, 저는 고전이라는 길을 만났고, 그 속에서 흐름을 이해하는 눈을 조금씩 갖게 되었습니다.

그리고 그 흐름을 '읽는 법'뿐 아니라, '따르는 태도'가 필요하다는 것도 알게 됐습니다.

이제는 단순히 돈을 버는 사람보다는, 흐름을 이해하고 내 삶의 방향을 스스로 설정할 수 있는 사람, 그렇게 살고 싶다는 생각을 하게 되었습니다.

이 책은 그 출발점에서 제가 남긴 첫 기록입니다. 이 책은 앞으로도 흔들릴 수 있는 저에게 한 번쯤은 끝까지 무언가를 밀어붙였다는 기억이자, 다시는 나 자신을 속이지 않겠다는 다짐입니다.

글을 쓰는 동안 저는 제 내면을 많이 들여다봤습니다. 흩어져 있던 생각들을 모으고, 언어로 정리하고, 지금의 삶과 연결해보며 저 자신을 다시 정돈하게 되었습니다. 그 과정 속에서 저는 얼마나 작은 존재인지, 겸손하지 않으면 모든 게 원점으로 돌아갈 수 있다는 사실도 배웠습니다.

이 책을 통해 가장 많은 것을 얻은 사람은 결국 저 자신입니다. 저는 젊은 시절, 아버지의 회사에서 큰 어려움을 겪으며 억만금을 주고도 살 수 없는 경험을 했습니다. '젊을 때 고생은 사서도 한다'는 진부한 말이지만, 그 고생 속에서 사람들의 이해관계와 본성을 날것 그대로 마주했고, 결국 '다 흙으로 돌아가는 인생에서 진정 가치 있는 것은 무엇인가'를 스스로 묻게 되었습니다.

저의 아버지는 가난한 농부의 아들로 태어나셔서 젊은 시절부터 고된 삶을 견뎌내셨고, 특유의 근면함과 판단력으로 사업의 성공가도를 달리셨습니다. 그러나 짧은 시간 안에 급변한 사업 환경 앞에 큰 시련을 맞으셨고, 그 과정을 극복하는 모습을 곁에서 지켜본 저는 아버지를 존경하고, 그 마음의 빚을 말로 다 표현할 수 없을 정도로 깊이 감사하고 있습니다.

또한 이 책을 구상하는데 큰 영감을 주신 사단법인 알레테이아 이사장님, 교수님들과 원우님들께도 깊은 감사의 인사를 전합니다.

독자 여러분도 이 책을 읽는 동안, 자기 삶의 흐름을 다시 바라보고, 자신만의 기준과 방향을 정리하는 계기가 되었으면 합니다. 우리는 모두 같은 바다를 항해하고 있는 것처럼 보이지만, 사실 각자 다른 배를 타고 있습니다.

누군가는 빠르고, 누군가는 느리고, 누군가는 아직 방향을 잡지 못했을 수도 있습니다.

하지만 가장 중요한 건, 자기만의 나침반을 갖는 일이라고 저는 믿고 있습니다. 이 책이 누군가에게 그런 나침반 중 하나가 될 수 있다면, 그것만으로 이 글은 충분한 의미를 갖는다고 생각합니다.

부록 : 시장과 운의 흐름을 읽는 64괘 괘상표

번호	괘 이름	괘상	핵심 의미	시장 해석	투자 전략	이미지 키워드 요약
1	건위천 乾爲天	☰	창조, 시작	상승장이 시작되는 초기 국면	신성장 종목 초기 진입, 리더 섹터 선점	하늘, 우주의 원동력, 시작, 생명, 강건함, 아버지, 대통령
2	곤위지 坤爲地	☷	수용, 안정	조정장 또는 기반 다지기	종목 점검, 리밸런싱, 보수적 접근	땅, 감정, 정지, 어머니, 공간, 평화

3	수뢰둔 水雷屯	☳	시작의 어려움, 장애	불확실한 초기 흐름, 갈팡질팡	성급한 매수 금지, 방향성 확인 우선	도전, 혼돈, 전투, 태아, 희망
4	산수몽 山水蒙	☶	미성숙, 학습	시장 참여자들 의 혼란, 미확정 국면	리서치 강화, 소액 실험 접근	어린아이, 교육자, 방종, 고독
5	수천수 水天需	☵	기다림, 인내	변곡점 이전의 정체 구간	현금 보유, 분할매수 준비	기다림, 수면, 공급, 안개
6	천수송 天水訟	☰	다툼, 마찰	정책 대립, 악재 노출	불확실성 대응, 손절 기준 강화	재판, 오해 해소, 완벽한 승리

7	지수사 地水師	☷☵	전쟁, 조직	경쟁 심화, 산업 내 재편	경쟁력 있는 종목 선별, 테마 정비	몰려듦, 감정, 보통 사람
8	수지비 水地比	☵☷	연합, 유대	시장 결집, 섹터 동반 상승	테마 중심 분산투자, 관계성 분석	촉촉함, 평화, 비옥함
9	풍천 소축 風天 小畜	☴☰	소규모 축적	상승 에너지 있으나 억제된 상태	단기 트레이딩, 시세 분할 대응	낭비, 사치, 넘침
10	천택리 天澤履	☰☱	신중히 나아감	민감한 시장, 조심스러 운 구간	리스크 컨트롤 중심, 방어적 운용	공개, 거리낌 없음, 기도

번호	괘명	괘상	키워드	시장 해석	전략	상징
11	지천태 地天泰	☷☰	확장, 통함	시장의 확장 구간	포지션 확대, 적극적 운용 가능	자본, 화합, 빅뱅, 만족
12	천지비 天地否	☰☷	막힘, 단절	시장 에너지 단절, 정체	비중 축소, 리스크 관리	절망, 단절, 통신 두절
13	천화동인 天火同人	☰☲	공동체, 연대	기관·외인 참여 상승 흐름	수급 연계된 종목 집중	동지, 공정함, 공익
14	화천대유 火天大有	☲☰	풍요, 고점 돌파	강한 주도주 중심	분할 청산 고려, 수익 실현 시점	영광, 최고, 지도자
15	지산겸 地山謙	☷☶	겸손, 내실	과열 진정 후 균형 회복	실적 기반 종목 재편입	겸손, 침묵, 감춤

16	뇌지예 雷地豫	☷	기쁨, 기대 상승	초기 모멘텀 진입 가능 구간	단기 탄력 대응	흥분, 당당함, 악기
17	택뢰수 澤雷隨	☷	순응, 따름	주도 섹터 추종 흐름	트렌드 추종 전략, 시세 순응	휴식, 통제, 출근 준비
18	산풍고 山風蠱	☷	정화, 부패 해결	악재 노출 구간	구조조정 종목 손절, 재편	파탄, 배신, 붕괴
19	지택림 地澤臨	☷	접근, 관심 유입	자금 유입, 시장 집중	대형주 중심 접근	정착, 안정, 전통
20	풍지관 風地觀	☷	관찰, 통찰	변곡점 전, 정체 구간	관망, 정보 수집 중심	여행, 방황, 정착 못함

21	화뢰서합 火雷噬嗑	☲☳	강제 해결	정책 개입, 악재 해소 시도	정책 수혜주 주목	연구개발, 애로사항, 핵심 발견
22	산화비 山火賁	☶☲	장식, 외형	외형 성장 강조 구간	기술주 주목, 실속 점검	아름다움, 예술품, 풍만함
23	산지박 山地剝	☶☷	붕괴, 약화	급락 가능성, 극단적 하락	현금화, 리스크 차단	무거운 임무, 희망 없음
24	지뢰복 地雷復	☷☳	회복, 반등	바닥에서 회복 시도	턴어라운드 종목 진입	봄의 기운, 희망의 시작
25	천뢰무망 天雷無妄	☰☳	순수, 우연	예상치 못한 변화	시스템적 대응	우연한 횡재, 충격, 군사

26	산천대축 山天大畜	☶☰	축적, 응축	상승 전 정체기	가치주 매집, 중장기 준비	금고, 축적, 절약
27	산뢰이 山雷頤	☶☳	양육, 기초 회복	기초체력 점검기	재무 안정 종목 중심	가정, 튼튼한 장비, 양육
28	택풍대과 澤風大過	☱☴	과도함, 무게	과열·버블 경계	비중 축소, 차익 실현	포화, 허풍, 위험 구조
29	감위수 坎爲水	☵☵	위험, 반복	지속 하락 가능성	손절 우선, 방어 강화	어두움, 혼란, 개인 감정
30	이위화 離爲火	☲☲	분별, 정보	정보 과잉, 혼란	팩트 기반 접근	질서, 조화, 밝음, 꽃

31	택산함 澤山咸	☱☶	감응, 심리적 흐름	기대감 상승	감성 테마 접근	사랑, 예쁜 벽지, 격려
32	뇌풍항 雷風恆	☳☴	지속, 우상향	안정적 상승 추세	우량주 보유 지속	유행 확산, 순환, 궤도
33	천산돈 天山遯	☰☶	퇴각, 숨음	불확실성 회피	관망 전환, 비중 축소	도망, 은거, 은퇴
34	뇌천대장 雷天大壯	☳☰	강함, 발산	주도주 폭등기	공격적 진입, 수익 극대화	권세, 대장군, 돌진
35	화지진 火地晉	☲☷	전진, 상승 지속	추세 상승 구간	성장주 비중 확대	여명, 올림픽, 천재

36	지화 명이 地火 明夷	☷☲	상처, 은둔	호재 무력화, 심리 위축	방어주 편입, 관망	암흑, 희망 없음, 중태
37	풍화 가인 風火 家人	☴☲	질서, 조화	내수 안정 흐름	소비재 및 내수주 관심	조직, 단체, 결혼
38	화택규 火澤睽	☲☱	분열, 불화	섹터 간 온도차 심화	역주행 종목 주의	불협화음, 이별, 정반대
39	수산건 水山蹇	☵☶	험난, 장애	상승 차단, 악재 반복	신규 진입 자제	침몰, 장애물, 자포자기
40	뇌수해 雷水解	☳☵	해소, 해방	악재 해소 후 회복	재진입 가능성 탐색	갈증 해소, 상처 치유

번호	괘	괘상	의미1	의미2	의미3	의미4
41	산택손 山澤損	☶☱	감소, 축소	과열 진정, 구조조정	포지션 조정, 리스크 축소	모금, 희생, 체력 소모
42	풍뢰익 風雷益	☴☳	이익, 증가	모멘텀 회복기	우량주 중심 매수	이윤, 찌름, 성장
43	택천쾌 澤天夬	☱☰	결단, 정리	방향성 명확	핵심 종목 집중	폭발, 결단력, 위대함
44	천풍구 天風姤	☰☴	우연한 기회	단기 이슈·급등 테마	속도전, 단기 대응	재난, 독단, 고집
45	택지췌 澤地萃	☱☷	집중, 수렴	수급 집중	핵심 테마 투자	출세, 모임, 통솔력

46	지풍승 地風升	☷☴	점진 상승	천천히 오르는 장세	중장기 우량주 매수	성장, 전진, 회복
47	택수곤 澤水困	☱☵	곤란, 압박	심리적 위축	현금 보유 확대	고독, 가난, 우환
48	수풍정 水風井	☵☴	기초, 본질	본질 회복기	배당·가치주 중심	득남, 회복, 안정
49	택화혁 澤火革	☱☲	변화, 혁신	제도·산업 전환기	혁신 테마 선별	혁명, 부도, 파탄
50	화풍정 火風鼎	☲☴	완성, 구조적 안정	기술 성숙기	장기 보유 전략	목표달성, 명예, 행복

51	진위뢰 震為雷	☳	충격, 우레	돌발 악재 발생	패닉 방지 전략	바쁨, 연속 사건, 분쟁
52	간위산 艮為山	☶	정지, 고요	무방향성 구간	거래 중지, 관망	고집, 정체, 무능함
53	풍산점 風山漸	☶	점진, 느림	천천히 우상향 흐름	우량주 분할매수	완만함, 견실함
54	뇌택귀매 雷澤歸妹	☱	결합, 불안정	M&A, 테마 불안	보수적 접근	무거움, 여행 사고
55	뇌화풍 雷火豐	☲	풍요, 절정	과열 구간	익절 타이밍 고려	풍족함, 과체중, 과잉

56	화산려 火山旅	☲☶	이동, 불안정	외부 변수 민감	유동성 주 경계	방랑, 낭비, 무절제
57	손위풍 巽爲風	☴☴	침투, 퍼짐	완만한 확산기	트렌드 안정 추종	부드러움, 방랑, 무질서
58	태위택 兌爲澤	☱☱	기쁨, 소통	심리 활황기	수급 강한 종목 매매	즐거움, 안식처, 소통
59	풍수환 風水渙	☴☵	해산, 분산	세력 이탈	분할 청산, 수익 확보	탕진, 해체, 무의미
60	수택절 水澤節	☵☱	절제, 제한	규제·통제 강화	비중 관리, 전략 점검	절제, 단정, 예의

61	풍택 중부 風澤 中孚	☴☱	진심, 신뢰	신뢰 회복기	우량주 재편입	포옹, 여유, 낭만
62	뇌산 소과 雷山 小過	☳☶	신중함, 소심한 시도	불안정 회복기	소규모 매매 전략	소심, 긴장, 절약
63	수화 기제 水火 既濟	☵☲	완성, 정리	고점 도달	익절 우선, 정리 단계	완벽, 정돈, 만족
64	화수 미제 火水 未濟	☲☵	미완성, 전환	새로운 사이클 진입 직전	초기 진입 탐색	미완성, 혼란, 불협화음

참고문헌

1. 찰리 멍거.『가난한 찰리의 연감 (Poor Charlie's Almanack)』. 김영사, 2024.
2. 모건 하우절.『돈의 심리학 (The Psychology of Money)』. 인플루엔셜, 2021.
3. 레이 달리오.『원칙 (Principles)』. 한빛비즈, 2018.
4. 벤저민 그레이엄.『현명한 투자자 (The Intelligent Investor)』. 국일증권경제연구소, 2003.
5. 피터 린치.『전설로 떠나는 월가의 영웅 (One Up On Wall Street)』. 국일증권경제연구소, 2005.
6. 워런 버핏.「연례 주주 서한 및 버크셔 해서웨이 투자 철학 (Berkshire Hathaway Shareholder Letters)」.

https://www.berkshirehathaway.com/letters/letters.html

7. 하워드 막스. 『투자에 대한 각 (The Most Important Thing)』. 비즈니스맵, 2012.

8. 토마 피케티. 『21세기 자본 (Capital in the Twenty-First Century)』. 글항아리, 2014.

9. 초운 김승호. 『돈보다 운을 벌어라』. 쌤앤파커스, 2013.

10. 초운 김승호. 『공자의 마지막 공부, 운명을 넘어선다는 것』. 다산초당, 2023.

11. 주조 김정수. 『종목선정 나에게 물어봐』. 하움출판사, 2021.

12. 이건표. 『 알기쉽게 풀어 쓴 주역64괘 해제 』. 북랩, 2014.

13. 김병호. 『아산의 주역강의』. 소강, 2000.

14. 잭 슈웨거. 『시장의 마법사들』. 이레미디어, 2008.

15. 모건 하우절. 『불변의 법칙』. 서삼독, 2024.

16. 홍용찬. 『실전 퀀트 투자』. 이레미디어, 2019

17. 박경숙. 『문제는 무기력이다』. 와이즈베리, 2013.

18. 신수정. 『일의 격』. 턴어라운드, 2021.

19. 송성근. 『왜 나는 사업부터 배웠는가』. 다산북스, 2018.

20. 박웅현. 『여덟 단어』. 북하우스, 2013.

21. 미즈노 남보쿠. 『절제의 성공학』. 바람, 2013.

22. 김승호. 『돈의 속성』. 스노우폭스북스, 2020.

23. 세이노. 『세이노의 가르침』. 데이원, 2023

원칙을 지키는 투자

초판 1쇄 인쇄 2025년 8월 1일
초판 1쇄 발행 2025년 8월 22일

지은이 정성화
펴낸이 김지홍
디자인 최이서

펴낸곳 도서출판 북트리
주소 서울시 금천구 서부샛길 606 30층
등록 2016년 10월 24일 제2016-000071호
전화 0505-300-3158
팩스 0303-3445-3158
이메일 booktree11@naver.com
홈페이지 www.booktree11.co.kr

정가 17,700원
ISBN 979-11-6467-188-5 (13320)

· 이 책은 저자권에 등록된 도서로 저작권법에 따라 무단전재 및 복제와 인용을 금지합니다.
· 이 책 내용의 전부 및 일부를 이용하려면 저작권자와 도서출판 북트리의 서면동의를 받아야 합니다.
· 잘못된 책은 구입하신 서점에서 바꾸어 드립니다.